**unter dem wappen
von cöln/köln**
die fünf schiffe

100 jahre patenschaft
stadt köln–deutsche marine
25 jahre fregatte köln V

inhalt

Dr. Franz Josef Jung
Bundesminister der Verteidigung

Die Bürger der Domstadt sehen die Soldatinnen und Soldaten auf ihrer Fregatte als „Bürger in Uniform" und zeigen in vorbildlicher Weise, wie dieses Grundprinzip der „Inneren Führung" auch von ziviler Seite aus mit Leben erfüllt werden kann. Dafür gelten mein Dank und meine Anerkennung.

Die Domstadt Köln übernahm vor 100 Jahren, am 5. Juni 1909, die Patenschaft über den Kleinen Geschützten Kreuzer Cöln der Kaiserlichen Marine und begann damit eine Tradition, an die die Bundeswehr im Dezember 1958 mit der Taufe des vierten Schiffes gleichen Namens, des Geleitbootes Köln (F 220) anknüpfte. Dieser erste größere Schiffsneubau für die Bundeswehr nach Ende des Zweiten Weltkrieges auf einer deutschen Werft gab der Baureihe den Namen Köln-Klasse, die ab 1965 als Fregatten ihren Dienst versahen. Das jüngste Schiff mit dem stolzen Namen „Köln" ist die Fregatte F 211, die am 19. Oktober 1984 in Dienst gestellt wurde.

Mit der Übernahme und Pflege einer solchen Patenschaft zeigen zahlreiche Städte und Bundesländer ihre Verbundenheit und Solidarität mit der Deutschen Marine. Die Frauen und Männer der Besatzungen der Fregatten Köln der Bundeswehr haben über vierzig Jahre ihren wertvollen Beitrag für den Frieden und die Sicherheit unseres Landes geleistet. Sie haben mit ihrer Bereitschaft, für Recht und Freiheit einzutreten, dazu beigetragen, dass die Bundesrepublik Deutschland in diesem Jahr ihren sechzigsten Geburtstag feiern kann und dass mit dem Fall der Berliner Mauer vor zwanzig Jahren die langersehnte Wiedervereinigung unseres Landes beginnen konnte.

Die Solidarität und Verbundenheit mit den Kölnern war dafür eine wichtige und notwendige Hilfe. Die Bürger der Domstadt sehen die Soldatinnen und Soldaten auf ihrer Fregatte als „Bürger in Uniform" und zeigen in vorbildlicher Weise, wie dieses Grundprinzip der „Inneren Führung" auch von ziviler Seite aus mit Leben erfüllt werden kann. Dafür gelten mein Dank und meine Anerkennung.

Besonderen Respekt verdient aber auch das soziale Engagement im Einsatz für die Kinder und Jugendlichen der Stadt Köln, welches gemeinsam von der Besatzung und von den Kölner Bürgerinnen und Bürgern getragen wird. Damit wird ein Weg der Patenschaftspflege beschritten, der beispielhaft und nachahmenswert ist.

Ich danke der Stadt, den Initiatoren der Feierlichkeiten für die Jahrhundertfeier der Patenschaft Köln und des 25-jährigen Jubiläums der Fregatte Köln vor allem dafür, dass sie diese Aktivitäten mit dem Ziel einer nachhaltigen Unterstützung für das Kinderkrankenhaus Amsterdamer Straße verbinden. Daher appelliere ich an die Großherzigkeit aller Leser dieses schönen Sammelbandes, mit einer Spende unseren schwerkranken Kindern zu helfen.

Dr. Franz Josef Jung
Bundesminister der Verteidigung

Fritz Schramma
Oberbürgermeister der Stadt Köln

Besonders freue ich mich, dass der Freundeskreis Fregatte Köln e.V.
den Erlös, der mit dieser Chronik erzielt wird, dem Kinderkrankenhaus
Amsterdamer Straße der Kliniken der Stadt Köln GmbH zu Gute
kommen lässt und damit ein hohes Maß an Solidarität gegenüber
unseren schwerstkranken kleinen Mitbürgern in Köln zeigt.
Dies verdient hohe Anerkennung.

Mit dem Stapellauf des Kleinen Kreuzers SMS Cöln begann am 5. Juni 1909 für Köln eine Patenschaft, die im Jahr 2009 ihr stolzes 100-jähriges Jubiläum feiert. Damit zählt diese Verbindung
zu den ältesten und sicherlich lebendigsten, die die Stadt Köln pflegt. Sie lebt von den Kontakten
zwischen Kölner Bürgern und der Besatzung der Fregatte Köln, von guten Initiativen sowie
vom bürgerschaftlichen Engagement auf beiden Seiten.

Fünf Schiffe trugen seit 1909 den Namen „Köln". Drei davon sanken in den beiden Weltkriegen.
Mit der Indienststellung des vierten Schiffes im Jahr 1961 blühte die traditionsreiche Patenschaft wieder auf. Als fünfte und letzte Einheit trägt die Fregatte mit der Kennnummer „F 211"
den stolzen Namen „Köln" – und dies bereits seit 25 Jahren, womit wir das zweite Jubiläum in
diesem Jahr feiern dürfen.

Die Geschichte der Marine-Schiffe, die den Namen Köln trugen und tragen, repräsentiert zum einen die dunklen Seiten der Deutschen Geschichte wie den Militarismus, der zum Ersten Weltkrieg führte und die nationalsozialistischen Verbrechen gegen die Menschheit. Zum anderen steht die Fregatte Köln aber auch für die jüngere Vergangenheit unseres Landes, die von Demokratie und Friedenserhalt geprägt ist. Seit dem 19. Oktober 1984, in welchem die Fregatte Köln in Dienst gestellt wurde, haben Schiff und Besatzung ihr Können in internationalen Manövern und Einsätzen unter Beweis gestellt. Stets haben die Frauen und Männer der Crew dabei ein hohes Maß an Motivation, Verantwortungsbewusstsein, Umsicht und Professionalität gezeigt. Die Kölner Bevölkerung und auch ich persönlich haben diese schwierigen, wie oft auch nicht ungefährlichen Einsätze unseres Patenschiffes sehr aufmerksam und mit großem Respekt verfolgt.

Gleichzeitig ist aus der Patenschaft zwischen der Marine und der Rheinmetropole eine für beide Seiten wertvolle Freundschaft geworden. Zahlreiche Besuche von Besatzungsmitgliedern in Köln sowie Aufenthalte auf der Fregatte Köln von Bürgerinnen und Bürgern unserer Stadt haben dazu beigetragen, diese Partnerschaft mit Leben zu füllen und die Beziehungen zu vertiefen. Wenn hierdurch der Besatzung ein Gefühl der Solidarität vermittelt werden konnte, so wäre ich glücklich, darin auch eine Hilfe für die Erfüllung der Aufträge zu sehen, die Schiff und Besatzung in der Vergangenheit bewältigten und zukünftig zu meistern haben.

Ein ganz besonderer Dank gilt dem langjährigen Engagement der Fregattenbesatzung für die sozialen Einrichtungen der Stadt Köln. Mit ihren Spendenaktionen und regelmäßigen Einladungen zu wunderbaren Ferienzeiten in Wilhelmshaven macht sie die Welt dieser Kinder und Jugendlichen reicher und schöner.

Danken möchte ich auch denjenigen, die zur feierlichen und würdigen Ausgestaltung beider Jubiläen in diesem Jahr beitragen. Hier ist insbesondere das außergewöhnlichen Engagement des Freundeskreis Fregatte Köln e.V. und seines ersten Vorsitzenden, H. Peter Hemmersbach, hervorzuheben sowie das der Besatzung, der Marinekameradschaft 1891 und der Marinekameradschaft Leuchtturm.

Besonders freue ich mich, dass der Freundeskreis Fregatte Köln e.V. den Erlös, der mit dieser Chronik erzielt wird, dem Kinderkrankenhaus Amsterdamer Straße der Kliniken der Stadt Köln GmbH zu Gute kommen lässt und damit ein hohes Maß an Solidarität gegenüber unseren schwerstkranken kleinen Mitbürgern in Köln zeigt. Dies verdient hohe Anerkennung.

Ich bin überzeugt, dass die Fregatte Köln dem Namen unserer Stadt lange Ehre machen wird und wünsche allen viel Freude bei den Jubiläumsaktivitäten. Unserem Patenschiff und seiner Besatzung wünsche ich allzeit gute Fahrt und stets eine glückliche und gesunde Heimkehr!

Ihr Fritz Schramma, Oberbürgermeister der Stadt Köln

S.M.S. „Cöln"
passiert die Rendsburger Hochbrücke.

S.M.S. „Moltke u. Mainz" in Laerdalsoeren (Norwegen)

Zwei zeitgenössische Postkarten aus einem Album. S.M.S. Mainz, ein Schwesterschiff der Cöln, sank ebenfalls am 28. August 1914

städtenamen und patenschaften für einheiten der deutschen marine – das sicherheitspolitische anliegen einer gewachsenen marinetradition

Wolfgang E. Nolting
Vizeadmiral, Inspekteur der Marine

Vor 100 Jahren, am 5. Juni 1909, wurde erstmals ein Schiff einer deutschen Marine, der damaligen Kaiserlichen Marine, auf den Namen Köln getauft. Die Namensgebung für den kleinen Kreuzer Cöln war Ausdruck einer Verbundenheit der Bürger der Stadt Köln mit der Marine. Sie stand aber auch in Verbindung mit der maritimen Geschichte der Stadt, war Köln doch neben Lübeck, Hamburg, Bremen, Braunschweig, Danzig, Hildesheim, Osnabrück und Rostock im ausgehenden 17. Jahrhundert eine der letzten verbliebenen neun Hansestädte.

Mit dem Stapellauf des kleinen Kreuzers Cöln begann eine 100 Jahre währende Tradition, in der insgesamt fünf deutsche Marineschiffe den Namen und das Wappen der Stadt Köln an ihrem Bug trugen. Vor etwas mehr als 25 Jahren wurde, als fünftes Schiff in dieser Reihe, die heutige Fregatte Köln feierlich in Wilhelmshaven in Dienst gestellt. Also feiern wir nicht nur das 100-jährige Jubiläum der Patenschaft sondern auch den 25. Geburtstag der aktuellen Fregatte Köln.

Die Treue und die Verbundenheit zwischen den Bürgern der Stadt Köln und den Besatzungen der verschiedenen Schiffe gleichen Namens, die sich in diesen beiden Jubiläen widerspiegelt, beschreibt eine Besonderheit, die die deutschen Marinen der letzten 161 Jahre fast kontinuierlich ausgezeichnet hat. Schon die erste deutsche Marine von 1848 wurde als Repräsentant eines geeinten Deutschlands verstanden und von weiten Teilen der Bevölkerung getragen. Als Zeichen der Solidarität, der Unterstützung und der engen Bindung erhielten die Schiffe die Namen von Städten, Flüssen oder Regionen. Patenschaften wurden ins Leben gerufen. Sie symbolisierten eine in Deutschland vorherrschende Aufbruchstimmung unter den Demokraten, die aus der Sehnsucht nach einer Öffnung zur Welt und dem Wunsch nach einer Teilhabe an der wirtschaftlichen Erschließung anderer Kontinente resultierte.

Die erste deutsche Marine war eine Parlamentsmarine, die ihr Wirken nur im Verbund mit Partnernationen und Freunden sah. Sie wurde gegründet aus einem tiefen Bedürfnis nach maritimer Handlungsfähigkeit, mussten die Deutschen doch, hervorgerufen durch die dänische Blockade der eigenen Seehäfen, schmerzlich erfahren, welche maritimen Abhängigkeiten bestanden und wie nachhaltig die Störung der Seewege auf ihre junge Nation wirkte.

Wenn wir heute auf eine 161-jährige Geschichte seit der Gründung der ersten deutschen Marine zurückschauen, so können wir traditionsstiftende Parallelen zwischen der Marine von 1848 und unserer heutigen Marine feststellen. Die Verbundenheit zu unseren Patenstädten, der Kontakt zu den Bürgern der namensstiftenden Gemeinden, Städte und der Bundesländer gehört zweifellos zu diesen bewährten Traditionen der deutschen Marinen.

Die Bürger der Stadt Köln sind seit 100 Jahren Teil dieser Tradition und gehören damit zu den treuesten und „ältesten" Paten unserer Marine. Seit Gründung unserer heutigen Deutschen Marine im Jahr 1956 begleiten Sie, die Bürger der Patenstadt, fast ununterbrochen die Geschicke unserer Flotte. Mit Interesse und Engagement haben Sie an der bewegten und von starken Veränderungen geprägten Entwicklung unserer Bundeswehr, unseres sicherheitspolitischen Umfelds und somit auch am Leben und Wirken der Besatzungen teilgenommen. Das Band der Partnerschaft zwischen den „Kölnern" im Rheinland und den „Kölnern" an Bord der Schiffe ist aber nicht nur ein Ausdruck von Tradition sondern auch ein Zeichen gelebter Freundschaft und Unterstützung. Regelmäßige Besuche an Bord und hier in Köln, persönliche Verbindungen die weit über die eigentliche Zeit an Bord und in der Marine hinausgehen, gemeinsame Unternehmungen und Feierlichkeiten sowie die gemeinschaftliche Sorge um das Wohl und die Gesundheit aller „Paten und Patenkinder" sind nur einige der Kennzeichen dieser besonders intensiven Partnerschaft. Eine Freundschaft, auf die Sie stolz sein können.

Rückblickend auf die mehr als 50jährige Geschichte unserer heutigen Marine muss festgestellt werden, dass sich die Rolle von Seestreitkräften maßgeblich verändert hat. Das Tagesgeschehen der Deutschen Marine wird durch weltweite internationale Konfliktverhütung und Krisenbewältigung einschließlich des Kampfes gegen den internationalen Terrorismus seit einigen Jahren bestimmt. Das Einsatzspektrum maritimer Seestreitkräfte ist vielseitig und reicht von Seeraumüberwachung über Embargomaßnahmen und Evakuierungsoperationen, dem Schutz und der Durchführung von humanitärer Hilfeleistung bis hin zur Unterbindung von Piraterie. Diese Aufträge werden, wenn erforderlich, bei eskalierender Entwicklung der Lage mit scharfem Waffeneinsatz durchgesetzt.

Zum Wohle der Bundesrepublik Deutschland und seiner Bürgerinnen und Bürger befinden sich unsere fahrenden und fliegenden Waffensysteme auch im Jahr 2009 weltweit im Einsatz. Wir beteiligen uns mit zwei Fregatten und zwei Booten permanent an den ständigen Einsatzverbänden der NATO, und leisten so einen Beitrag zur internationalen Sicherheitsvorsorge. Unsere Einheiten sind Teil des Kampfes gegen den internationalen Terrorismus am Horn von Afrika und im Mittelmeer. Als friedensstabilisierende Maßnahme haben wir lange Zeit die Operation UNIFIL der Vereinten Nationen geführt und unterstützen sie derzeit mit drei Einheiten im östlichen Mittelmeer vor der Küste des Libanon. Darüber hinaus haben wir ein Schiff vor der Küste Somalias, um im Rahmen der EU-Operation ATALANTA der rapide anwachsenden Piraterie in diesem Seegebiet zu begegnen und die über den Seeweg erfolgenden Hilfslieferungen der UN zu sichern.

Dieses Engagement der Deutschen Marine spiegelt die gewachsene Verantwortung der Bundesrepublik Deutschland für die Sicherheit und Freiheit auf den Weltmeeren wider. Es zeigt aber auch, dass Sicherheitspolitik und die vitalen und somit auch wirtschaftlichen Interessen unseres Landes nicht ausschließlich aus der nationalen Perspektive zu betrachten und auf Europa, die Nord- und Ostsee sowie auf den Atlantik zu reduzieren sind. Das 21. Jahrhundert wird bestimmt von weltweiter Interaktion, von globalen Informations- und Warenströmen und vom Verteilungskampf um die Ressourcen und Rohstoffe der Weltmeere. Der See als Transportweg aber auch als Quelle für Rohstoffe und Nahrungsmittel kommt in diesem Zusammenhang eine ganz besondere Bedeutung zu. Der Standort Deutschland, unsere Wirtschaft, unser Wohlstand und unsere soziale Sicherheit sind von der See abhängig.

Eine Unterbrechung von Seeverbindungswegen, egal ob durch Terroristen oder Piraten, würde innerhalb kürzester Zeit nachhaltigste Folgen für unsere Wirtschaft, die Beschäftigungslage und damit für die Prosperität der Bundesrepublik Deutschland haben. Um einer derartigen Entwicklung vorzubeugen, bedarf es einer breit gefächelten maritimen Sicherheitsvorsorge sowie angemessener Fähigkeiten. Die Deutsche Marine, und damit auch die Fregatte Köln, leisten dazu einen wesentlichen Beitrag. Die Relevanz der

Mutmaßliche Piraten ergeben sich | Rückkehr des Boarding Teams mit dem Speedboot zur Karlsruhe | Sichergestellte Waffen | Abtransport der Verdächtigen nach Kenia

Marinekräfte hat einen festen und wohl auch steigenden Platz in unserer Sicherheitsarchitektur. Die maritime Abhängigkeit Deutschlands sowie der Zusammenhang zwischen einer erfolgreichen und globalisierten Weltwirtschaft und der freien Nutzung der See findet im 21. Jahrhundert, einem wie ich meine, maritimen Jahrhundert, mehr und mehr Zugang in das Bewusstsein unserer Bürgerinnen und Bürger. Die Einsätze unserer Seestreitkräften in weit entfernten Krisenregionen sowie deren Notwendigkeit zur Wahrung unsere vitalen Interessen werden öffentlich akzeptiert und mitgetragen. Ein besonders positives Echo auf unsere Auftragserfüllung dürfen wir stets aus den Patenstädten unserer Schiffe, Boote und Verbände entgegennehmen.

Die 100-jährige, lebendige Patenschaft zwischen der Besatzung und den Bürgerinnen und Bürgern der Stadt ist sichtbares Zeichen der Solidarität und zeugt davon, dass in Köln der Auftrag und die Aufgaben der Deutschen Marine mitgetragen werden. Die von Herzen kommende Unterstützung für unsere Besatzung gibt den Frauen und Männer an Bord das Gefühl, echte Kölner zu sein, die ihrerseits mit Stolz den guten Namen ihrer Patenstadt in die Welt tragen. Nicht nur die Fregatte Köln, sondern vor allem die Soldatinnen und Soldaten des Schiffes als Botschafter in Blau und als informelle Repräsentanten der Stadt Köln sind in allen Häfen, wie auch auf den Schiffen unserer Verbündeten und Freunde gern gesehene Gäste und willkommene Partner.

Um auch ihrerseits die Patenschaft noch stärker zu beleben und dort, wo notwendig und sinnvoll, zu helfen, beteiligen sich die Frauen und Männer der Fregatte Köln aktiv an der Initiative des Freundeskreises Fregatte Köln e.V. zur Unterstützung des Kinderkrankenhauses der Stadt Köln in der Amster-damer Straße. Dieses Zeichen der praktizierten Nächstenliebe und Solidarität mit unseren schwerkranken kleinen Mitbürgern verdient Anerkennung und die unbedingte Unterstützung von uns allen.

Ich wünsche den „Kölnern" am Rhein und auf den Weltmeeren allzeit gute Fahrt, Gesundheit sowie den Willen und die Kraft diese lebendige Patenschaft so erfolgreich fortführen zu können.

Wolfgang E. Nolting, Vizeadmiral und Inspekteur der Marine

17

Brigadegeneral Volker Zimmer,
Standortältester Köln

Es gilt nicht nur der Stadt Köln, sondern insbesondere auch dem Freundeskreis der Fregatte Köln zu danken, der dieses nun vorliegende Werk auf die Beine gestellt hat und in guter Partnerschaftstradition den Erlös der Kinderkrebshilfe zu Gute kommen lässt.

Nach über 50 Jahren Bundeswehrgeschichte haben sich Patenschaften zwischen einzelnen Einheiten der Bundeswehr und Städten oder Gemeinden fest etabliert und sind zu einem Stück gelebter Zusammenarbeit geworden. Die Patenschaft der Stadt Köln mit den verschieden ihren Namen tragenden Schiffen der Deutschen Marine hat sich nun bereits seit 100 Jahren bewährt. Sie unterscheidet sich daher auch deutlich von anderen Patenschaften.

Einerseits ist sie eine Partnerschaft, die auch bewegte Zeiten hindurch gehalten hat und andererseits der Verbundenheit der Stadt Köln mit einer Einheit Ausdruck verleiht, die oftmals weit entfernt von der Heimat ihren Dienst versieht und den Namen der Stadt Köln in die Welt trägt.

Zahlreiche Veranstaltungen mit den Besatzungen der beiden Fregatten Köln der bundesdeutschen Marine haben in den Jahren seit der Gründung der Bundeswehr stattgefunden. Diese Veranstaltungen haben die Standortältesten mit den in Köln stationierten Soldaten stets gerne unterstützt und somit auch die besondere Verbundenheit der Schiffe und ihrer Besatzungen mit der Stadt Köln und den in Köln stationierten Einheiten der Bundeswehr gefördert.

Die Patenschaft der Stadt Köln zu den Schiffen „Köln" ist die am längsten andauernde und von daher eine besondere ihrer Art. „100 Jahre Patenschaft Köln – Deutsche Marine" ist ein guter Grund, dies in einer Publikation zu veröffentlichen. Damit wird auch ein weiterer Aspekt der an Historie wahrlich nicht armen Stadt einer hoffentlich breiten Öffentlichkeit zugänglich gemacht. Köln hat sich in den vergangenen Jahren zur größten Garnisonsstadt Deutschlands entwickelt.

Sie ist eine Stadt, die allen Bereichen der Bundeswehr eine Heimat bietet. Für die Soldaten der Fregatte Köln ist es wichtig und etwas besonderes, diesen zusätzlichen Rückhalt mit der Patenstadt Köln zu haben, gerade auch bei ihren fordernden Einsätzen. Es gilt nicht nur der Stadt Köln, sondern insbesondere auch dem Freundeskreis der Fregatte Köln zu danken, der dieses nun vorliegende Werk auf die Beine gestellt hat und in guter Partnerschaftstradition den Erlös der Kinderkrebshilfe zu Gute kommen lässt. Als Standortältester Köln kann ich versichern, dass wir die Patenschaft auch weiterhin unterstützen und fördern werden.

Ich wünsche allen Lesern viel Vergnügen, den Besatzungen der Fregatte Köln „Mast-und Schotbruch" und der lebendigen Patenschaft weiterhin ein erfolgreich gelebtes Miteinander.

Brigadegeneral Volker Zimmer, Standortältester Köln

Karl Heid,
Präsident des Deutschen
Marinebund e. V.

Mit besonderer Freude nehme ich zur Kenntnis, daß man die Feierlichkeiten auch zur tatkräftigen Unterstützung des Kölner Kinderkrankenhauses Amsterdamer Straße nutzt. Auch dies ist ein Zeichen der Solidarität und ich würde mich sehr freuen, später feststellen zu dürfen, daß die Kölner auch hier ihre traditionelle Verbundenheit und Großzügigkeit bewiesen haben.

Als am 05. Juni des Jahres 1909 der Kleine Kreuzer Cöln bei der Germaniawerft in Kiel vom Stapel lief, herrschte im kaiserlichen Deutschland eine riesige Flotteneuphorie. Schon 18 Jahre zuvor, im Jahre 1891, war auf dieser Woge der Begeisterung der „Bund Deutscher Marinevereine" gegründet worden, aus dem der Deutsche Marinebund e.V. hervorgegangen ist.

Aufgabe des Deutschen Marienbundes ist es auch nach wie vor, das maritime Bewusstsein in Deutschland zu wecken und zu fördern. Er ist dabei politisch und weltanschaulich unabhängig und hat lediglich die legitimen nationalen Interessen unseres Landes im Fokus. Bei der Gründung vor mehr als 100 Jahren konnten nur aktive und ehemalige Marineangehörige aller Dienstgrade Mitglied werden. Die Pflege der Kameradschaft, der Gedankenaustausch über das gemeinsam Erlebte und Wohlfahrtseinrichtungen standen damals wie heute im Mittelpunkt.

In der heutigen Zeit ist der Deutsche Marinebund jedoch zur Heimat und zum gegenseitigen Nutzen für maritim interessierte Frauen und Männer geworden. Zur Umsetzung seiner Ziele verfügt der DMB über eine flächendeckende bundesweite Organisationsstruktur. Rund 400 örtliche Gliederungen sind in 16 Landesverbänden zusammengefasst.

Patenschaften mit Schiffen und Booten der Marine sind formell nur mit Kommunen, Gemeinden und Bundesländern möglich. Aber, was wären diese Brücken ins Binnenland ohne den Deutschen Marinebund? Eine Verbindung, wie sie die Stadt Köln mit ihren fünf Patenschaften nun über 100 Jahre pflegt, wäre ohne die Frauen und Männer, die im Deutschen Marinebund organisiert sind, undenkbar. Sind sie es doch an vorderster Front, die in Verbindung mit den Patenschaftsträgern diese Patenschaften mit Leben füllen und Kontakte mit den Besatzungsmitgliedern über viele Jahre pflegen.

Auch die Kölner Marinekameradschaften „Köln von 1891" und „Köln Leuchtturm" machen da keine Ausnahme. Seit Jahrzehnten bieten sie den Besatzungen bei Besuchen in der Patenstadt einen festen Ankerplatz. Ob eine Kammer bei den Familien, hervorragende Betreuung oder interessante Programmpunkte – Kameradschaft zwischen aktiven Marinern und den Ehemaligen ist seit vielen Jahren einfach vorbildlich und mustergültig. Die Vorsitzenden der Kölner Kameradschaften sind Gründungsmitglieder bei dem 2006 aus der Taufe gehobenen Freundeskreis der Fregatte F 211 Köln e.V. und engagieren sich auch im Vorstand dieser jungen Vereinigung.

Dass die Millionenstadt Köln und die fünfte Fregatte, die diesen Namen trägt, zum einen die 100-jährige Patenschaft, zum anderen aber auch 25 Jahre Fregatte F 211 Köln in diesem herausragenden Rahmen feiern, ist ein deutliches Signal der Verbundenheit zwischen Bevölkerung und Besatzung.

Mit besonderer Freude nehme ich zur Kenntnis, dass man die Feierlichkeiten auch zur tatkräftigen Unterstützung des Kölner Kinderkrankenhauses Amsterdamer Straße nutzt. Auch dies ist ein Zeichen der Solidarität und ich würde mich sehr freuen, später feststellen zu dürfen, dass die Kölner auch hier ihre traditionelle Verbundenheit und Großzügigkeit bewiesen haben.

Ich wünsche allen Beteiligten ein gutes Gelingen der Feierlichkeiten; der Besatzung und dem Schiff wünsche ich „Allzeit eine Handbreit Wasser unter dem Sonardom!" und noch viele Jahre Präsenz zur Erhaltung des Friedens auf den Meeren dieser Welt.

Karl Heid, Präsident des Deutschen Marinebund e. V.

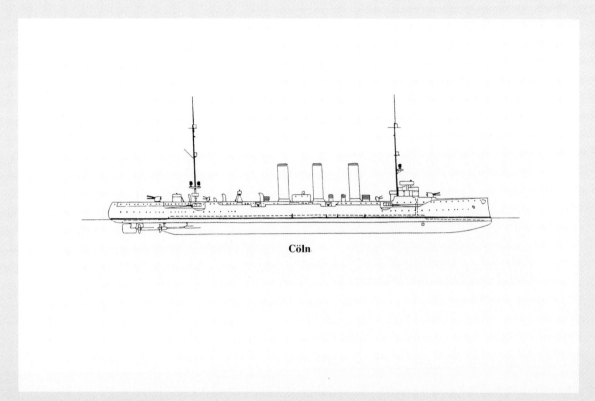

Kleiner Kreuzer Cöln (1909 - 1914)

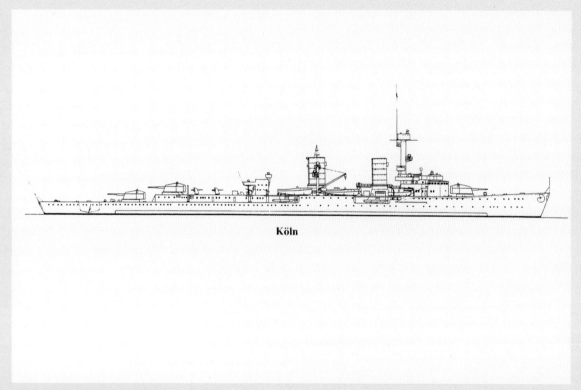

Leichter Kreuzer Köln (1929 - 1945)

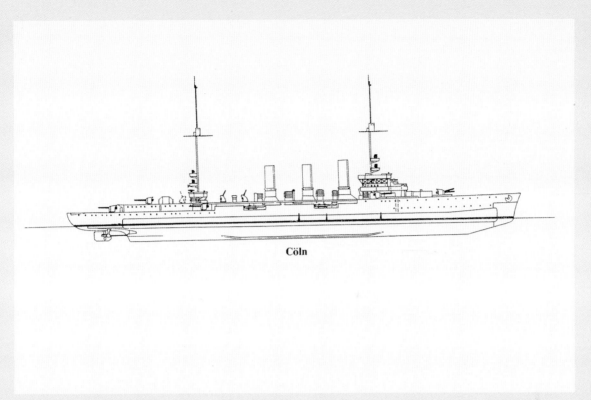

Cöln

Kleiner Kreuzer Cöln (1916 - 1919)

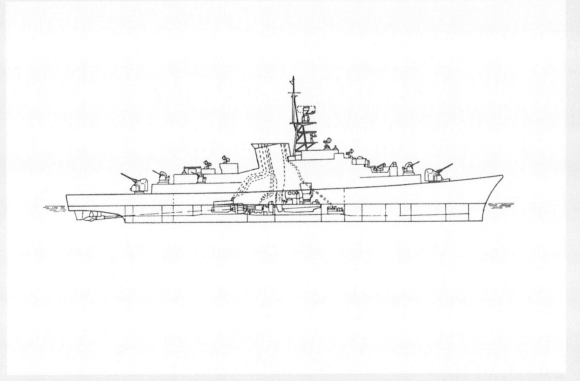

Geleitboot/Fregatte Köln (1958 - 1982)

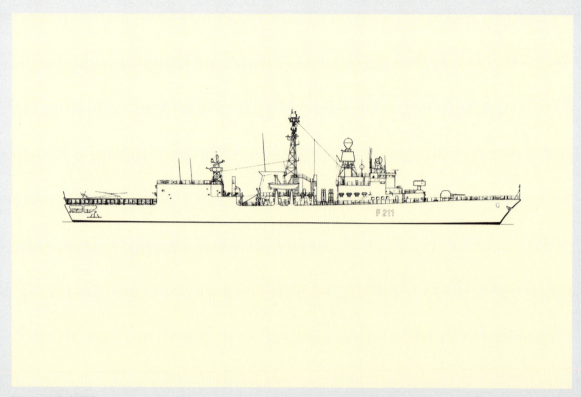

Fregatte Köln (1984)

Geschnitzte Holztafel mit den drei Schiffen Köln im Vereinsheim „Kajüte" der Marinekameradschaft Köln von 1891

Eine geschnitzte Holztafel erinnert an Bord der heutigen Fregatte Köln an ihre vier Vorgängerinnen

Fregattenkapitän Uwe Maaß
Kommandant der Fregatte Köln

Wir, die Besatzung der „Köln", würden uns riesig freuen, wenn durch diese Aktion den schwerkranken Kölner Kindern eine wirksame Hilfe zuteil würde. Ich hoffe, dass die traditionsreiche Verbindung zwischen Stadt und Schiff auch zukünftig lebendig gestaltet wird und wünsche, dass der Patenschaft immer die Sonne im Kielwasser scheint.

Die Indienststellung der Fregatte Köln am 19. Oktober 1984 in Wilhelmshaven wird traditionsgemäß als Geburtstag unseres Schiffes gefeiert. Mit einem Vierteljahrhundert im aktiven Dienst, eine Zeitspanne, in der sich das Schiff fast ständig im Einsatz befand, übertrifft unsere heutige Fregatte Köln alle ihre vier Vorgänger.

Die 25 Jahre im Dienst der Marine bedeuten auch, 25 Jahre wechselvolle Zeiten erlebt zu haben. Als U-Jagd-Fregatte für den Kalten Krieg konzipiert, hat sich im Laufe der Zeit nicht nur das Einsatzspektrum der Köln und der anderen Einheiten der Deutschen Marine verändert, vielmehr hat sich auch das Einsatzgebiet für unser Schiff wesentlich vergrößert. Liebenswürdig als „Arbeitspferde der Marine" bezeichnet, werden die Fregatten der Klasse F 122 mittlerweile auch zur weltweiten Terrorismus- oder Piratenbekämpfung, zur Embargokontrolle und Seeraumüberwachung sowie für Eskort-Aufgaben eingesetzt.

So war unsere Fregatte Köln im Jahr 2007 zum zweiten Mal nach 2002 im sechsmonatigen Einsatz am Horn von Afrika in der Operation Enduring Freedom. Im vergangenen Jahr ging es im Rahmen des Einsatz- und Ausbildungsverbandes der Marine rund um Afrika.

Ergänzend zu den militärischen Einsätzen haben die Frauen und Männer der Besatzung als Botschafter in Blau sehr gerne den Namen und das Wappen der Domstadt Köln in die weite Welt getragen. Ich kann Ihnen versichern, dass sich die Besatzung mit Stolz mit dem Schiffsnamen Köln identifiziert.

Daher möchte ich als Kommandant zuerst ganz herzlich allen ehemaligen und aktiven Besatzungsmitgliedern für Ihren Einsatz und ihre Hingabe danken. Sie waren und sind es, die unsere Köln so erfolgreich gemacht haben und mit ihrem Dienst einen Beitrag zur Schaffung einer gerechten Friedensordnung im Rahmen unseres Bündnisses und der Völkergemeinschaft geleistet haben. Dies schließt selbstverständlich auch den Dank für die Angehörigen ein, deren Unterstützung und Geduld unseren Dienst wesentlich erleichtert haben. Auch die von den Kölner Bürgern in der Patenschaftspflege erbrachte Solidarität war und ist uns eine unverzichtbare Hilfe, für die ich im Namen der gesamten Besatzung von ganzem Herzen danke. Vor allem danke ich dem „Freundeskreis Fregatte Köln" als engagiertem Initiator und Koordinator. Wir sind uns voll bewusst, dass wir damit eine der schönsten Marinetraditionen in unserem Lande pflegen und die Besatzung hat ihre Verbundenheit mit Köln seit 25 Jahren durch die Unterstützung sozialer Einrichtungen zum Ausdruck gebracht.

So freuen wir uns auch, dass die Feierlichkeiten eines Jahrhunderts Patenschaft Köln und des 25jährigen Geburtstages unseres Schiffes zum Anlass einer Spendensammlung für die Onkologie des Kinderkrankenhauses der Stadt Köln in der Amsterdamer Straße genommen werden. Wir, die Besatzung der „Köln", würden uns riesig freuen, wenn durch diese Aktion den schwerkranken Kölner Kindern eine wirksame Hilfe zuteil würde. Ich hoffe, dass die traditionsreiche Verbindung zwischen Stadt und Schiff auch zukünftig lebendig gestaltet wird und wünsche, dass der Patenschaft immer die Sonne im Kielwasser scheint.

Uwe Maaß
Fregattenkapitän und Kommandant

H. Peter Hemmersbach
Vorsitzender Freundeskreis
Fregatte Köln e.V.

Seit 25 Jahren erweist auch die Besatzung der Fregatte Köln ihre Solidarität
mit den Kölnern durch tatkräftige Unterstützung von Sozialeinrichtungen für
Kölner Kinder. Dies wurde von uns zum Anlass genommen, mit Ausstellung
und Sammelband um Spenden für die Onkologie des Kinderkrankenhauses
der Stadt Köln in der Amsterdamer Straße zu bitten.

Patenschaften zu den Schiffen unserer Marine gehören zu den schönsten und unstrittigsten Marinetraditionen. Ein Jahrhundert Patenschaft zu den fünf Schiffen deutscher Marinen, die am Bug das Wappen unserer Domstadt am Rhein führen, sind 100 Jahre Verbundenheit mit den Besatzungen, die dort ihren Dienst für unser Land verrichten. 25 Jahre Patenschaft zur heutigen Fregatte Köln sind ein viertel Jahrhundert Solidarität Kölner Bürger mit den Frauen und Männern der Besatzung. So gilt anlässlich dieser Jubiläen mein Dank an erster Stelle unseren Kölner Marinern, die hier im Borddienst seit langen Jahren erfolgreich im Einsatz stehen und mit den Kameraden der Atlantischen Allianz und im Rahmen der Organisation der Freien Völker einen Beitrag zur Schaffung einer gerechten Friedensordnung leisten.

Als Vorsitzender des „Freundeskreises Fregatte Köln" danke ich der politischen Führung unseres Landes und unserer Stadt sowie der Marineführung, dass sie mit ihrem Engagement eine würdige Gestaltung dieser Jubiläen ermöglicht haben.

Ich danke allen militärischen und zivilen Dienststellen und Organisatoren für ihre tatkräftige Mitwirkung. Mein Dank gilt auch dem Deutschen Marine Institut für die Abordnung von Fregattenkapitän a. D. Dr. Heinrich Walle, der die Redaktion des Sammelbandes und die Koordination der Ausstellung übernommen hat. Ein besonderer Dank und Anerkennung für die künstlerische Gestaltung von Sammelband und Ausstellungsplakat gilt der Werbeagentur Gratzfeld und ihrem engagierten und ideenreichen Leiter, Helmut Gratzfeld. Dem Deutschen Marinebund und seinen Kölner Kameradschaften möchte ich ebenfalls für Ihre Unterstützung danken, wie dies auch allen Autoren des Bandes gilt. Ein solches Projekt wäre niemals zu realisieren gewesen, wenn nicht zahlreiche Sponsoren durch ihre Beiträge unser Vorhaben großzügig unterstützt hätten. Ihnen allen ebenfalls ein herzliches Dankeschön!

Seit 25 Jahren erweist auch die Besatzung der Fregatte Köln ihre Solidarität mit den Kölnern durch tatkräftige Unterstützung von Sozialeinrichtungen für Kölner Kinder. Dies wurde von uns zum Anlass genommen, mit Ausstellung und Sammelband um Spenden für die Onkologie des Kinderkrankenhauses der Stadt Köln in der Amsterdamer Straße zu bitten. Es wäre eine besondere Geste der Verbundenheit zu den schwerkranken Kindern, wenn dieser Aufruf zur Hilfe mit Großherzigkeit befolgt würde.

H. Peter Hemmersbach
Vorsitzender Freundeskreis Fregatte Köln e.V.

fregatte köln – 25 jahre im einsatz
FREGATTENKAPITÄN UWE MAASS, KOMMANDANT FREGATTE KÖLN

OBERLEUTNANT ZUR SEE JAN WÜBELT

OBERBOOTSMANN THOMAS SCHULZ

KAPITÄNLEUTNANT TIM TÄFFNER

Der Auftrag der Fregatte Köln: Die Fregatte Köln wurde am 19.10.1984 in Wilhelmshaven in Dienst gestellt und diese Stadt blieb auch ihr Heimathafen bis heute. Das Schiff ist gegenwärtig der Einsatzflottille 2 und dort dem 4. Fregattengeschwader zugeordnet. Die ursprüngliche militärische Verwendung der Köln während des Kalten Krieges bestand vornehmlich in der Ortung und Bekämpfung von gegnerischen U-Booten und des Geleitschutzes. Die Möglichkeit, zwei Bordhubschrauber einsetzen zu können, steigert ihre Ortungs- und Bekämpfungsreichweiten erheblich.

Mit der Transformation der Bundeswehr zur Konfliktverhütung und Krisenbewältigung, sowie im Kampf gegen den internationalen Terrorismus verlagerte sich auch der Schwerpunkt des Auftrages für die Köln. Einsätze im Bündnisrahmen, zur Konfliktverhütung und -bewältigung sowie zur Stabilisierung von Seegebieten sind nun, neben der klassischen Landesverteidigung durchzuführen. Dabei findet eine Verlagerung der Einsatzschwerpunkte von der hohen See hin zu Randmeeren und Küstengewässern statt, wodurch für die Köln eine neue Art der Bedrohung entstanden ist. Kleine, schnelle Speedboote und Kleinflugzeuge, bewaffnet mit Sprengstoff oder Panzerfäusten stellen in den neuen Einsatzgebieten die Hauptbedrohung dar.

Durch eine schrittweise Anpassung der Waffen- und Führungssysteme wurde die Köln von der spezialisierten U-Jagdfregatte zu einer umfassend einsetzbaren „Multi-Role" Fregatte umgerüstet. Nun ist die Köln gemäß ihrem Auftrag zu Embargoüberwachungen mit Boardingeinsätzen befähigt. Sie ist auch in der Lage, Seeraumüberwachungsaufgaben in klimatisch schwierigen Seegebieten durchzuführen, Unterstützung für andere Einheiten an Land zu bieten, aber auch klassische Aufgaben einer Begleitfregatte wahrzunehmen.

Beispielhaft für die umfassenden Einsatzmöglichkeiten der Köln ist ein Auszug über die geleisteten Einsätze der vergangenen Jahre:

- **Einsätze im Rahmen der kollektiven Bündnisverteidigung: Operation Enduring Freedom (2002, 2007), Operation Active Endeavour (2003, 2004)**
- **Einsätze zur Konfliktverhütung und Krisenbewältigung: Sharp Guard (1994, 1995)**
- **Evakuierungseinsätze: Southern Cross (1994)**
- **Teilnahme an ständigen NATO-Verbänden: STANAVFORLANT & STANAVFORMED, heute SNMG 1 und SNMG 2**
- **Teilnahme an Einsatz- und Ausbildungsverbänden**
- **Teilnahme an internationalen Manövern, auch mit amphibischen Kräften**
- **Teilnahme an Seenotrettungseinsätzen**

Allgemeine Daten

Verdrängung	**3800 ts**
Länge über Alles	**130,02 m**
Breite über Alles	**14,60 m**
größter Tiefgang	**6,09 m**
Besatzungsstärke	**204 Personen + 18 Personen bei eingeschifftem Bordhubschrauber**
Geschwindigkeit	**max. 30 kts**
max. Fahrtstrecke	**4000 sm bei 18 kts**

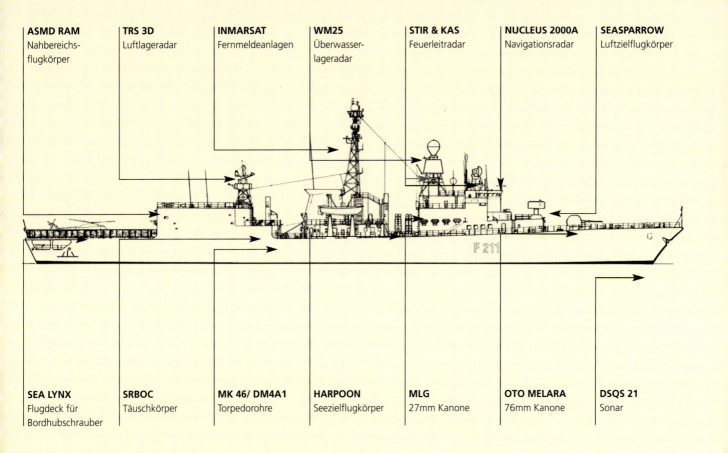

ASMD RAM	TRS 3D	INMARSAT	WM25	STIR & KAS	NUCLEUS 2000A	SEASPARROW
Nahbereichs-flugkörper	Luftlageradar	Fernmeldeanlagen	Überwasser-lageradar	Feuerleitradar	Navigationsradar	Luftzielflugkörper

SEA LYNX	SRBOC	MK 46/ DM4A1	HARPOON	MLG	OTO MELARA	DSQS 21
Flugdeck für Bordhubschrauber	Täuschkörper	Torpedorohre	Seezielflugkörper	27mm Kanone	76mm Kanone	Sonar

Effektoren

Seezielflugkörper	**2 x 4 HARPOON**
Luftzielflugkörper	**1 x 8 NATO SEA SPARROW, 2 x 21 ASMD RAM**
Geschütze	**1 x 76 mm OTO MELARA, 2 x 27 mm MLG**
Torpedos	**MK 46/ DM 4A1**
Täuschkörper	**2 x 4 SRBOC**
EloKa	**FL 1800 II**
Hubschrauber	**2 x SEA LYNX MK 88 A**

Sensoren

Luftlageradar	**3D**
Überwasserlageradar	**WM 25**
Feuerleitradar	**STIR & KAS**
Sonaranlage	**DSQS 21 BZ**

Schiffstechnische Daten

Antrieb	**2 Dieselmotoren je 3820 KW, 2 Gasturbinen je 18400 KW**
Getriebe	**CODOG (COmbined Diesel Or Gas turbine)**
Steuerung	**Fahrautomatik mit 2 Fahrprofilen und 4 Steuerungsprofilen**
E- Anlage	**4 E- Diesel je 750 KW**
Propeller	**Verstellpropeller, 5 Flügel**

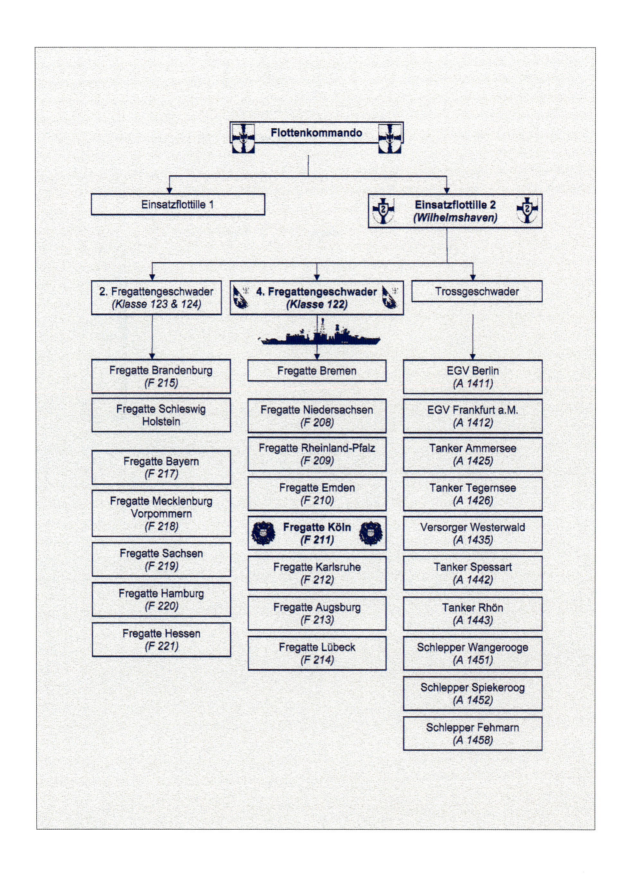

Die Kommandanten der Köln V	Zeitraum	Fahrtstrecke in Seemeilen
Fregattenkapitän Klaus Kinast	25.09.87 Indienststellung	81.483,4
Fregattenkapitän Hans-Christian Rips	25.09.87 – 22.02.90	144.883,2
Fregattenkapitän Hellwig Springborn	22.02.90 – 30.08.93	227.822,9
Fregattenkapitän Hans-Joachim Rutz	30.08.93 – 30.03.95	279.600,4
Fregattenkapitän Thomas Miller	30.03.95 – 25.10.96	315.578,6
Fregattenkapitän Dirk Geister	25.10.96 – 31.03.99	362.125,2
Fregattenkapitän Maximilian Stein	31.03.99 – 27.09.01	428.487,3
Fregattenkapitän Thomas Schütze	27.09.01 – 16.12.04	528.821,0
Fregattenkapitän Michael Hödt	16.12.04 – 01.12.06	565.523,9
Fregattenkapitän Uwe Maaß	01.12.06 – heute	629.038,1

Fregatte Köln – eine Chronik von 25 Jahren Seit ihrer Indienststellung am 19.10.1984 hat die Fregatte Köln insgesamt 629.038,1 nm auf den verschiedensten Fahrten und Einsätzen zurückgelegt. Im Folgenden werden einige wichtige Seefahrten und Aufenthalte aufgeführt.

Besuch in Kapstadt 2008

1982-1983 > Sept./Okt. Kiellegung, Erste Ausbildung für die Besatzung

1984 > 03.04 bis Ende September Verlegung nach Wilhelmshaven, verschiedene Werfterprobungen **> 10.10.** Indienststellung Kdt: FKpt Künast **> 29.10. – 16.11.** ISEX (Individual Ship Exercise) Häfen: Kiel, Newcastle **> 19.11. – 30.11.** DESEX (Destroyer Exercise) Häfen: Rosyth (GB) **> 06.12. – 15.12.** SSichAusb II (Schiffs Sicherungs Ausbildung) Häfen: Flensburg

1985 > 21.01. – 30.01. FORACS(NATO Naval Forces Sensors And Weapons Accuracy Check Site) Häfen: Ulsnaes (Norwegen), Stavanger (Norwegen) **> 25.02. – 08.03.** Einzelausbildung Häfen: Brest (Frankreich) **> 25.03. – 13.06.** Werftliegezeit **> 07.09. – 18.10.** BOST(Basic Operational Sea Training) Häfen: Portland (Großbritannien) **> 18.11. – 11.12.** SEF Häfen: Rosyth (Großbritannien), Kiel

1986 > 16.01. – 14.05. Karibik AAG 102/86 (Ausbildungsfahrt in außerheimische Gewässer) Häfen: Ponta Delgada, Azoren (Portugal), Malabar (Bermudas), Mayport (USA), Vera Cruz (Mexiko), Santo Domingo, Roosevelt Roads, Frederikstedt, St. Croix (USA), Charlottel Amalie, St Thomas (USA), Maracaibo (Venezuela), Cartagena , Guantanamo, Fort de France, Martinique. **> 01.09. – 25.09.** NATO-Manöver Northern Wedding Häfen: Amsterdam **> 24.11. – 17.12.** Werftliegezeit Blohm & Voss, Häfen: Hamburg

1987 > 26.01. – 20.03. Africa AAG 102/87 Häfen: Funchal (Portugal), Lagos (Nigeria), Dakar (Senegal) **> 04.05. – 14.05.** NATO-Manöver Bright Horizon 87 **> 10.08. – 18.08.** Torpedoschießen mit U-Flottille Häfen: Bergen **> 07.09. – 11.11.** Bremer Vulkan **> 25.09.** Kommandantenwechsel: KKpt Rips

Abschuss eines Luftzielkörpers NATO Sea Sparrow

1988 > 14.02. – 25.03. BOST Häfen: Portland **> 26.04. – 30.08.** STANAVFORLANT (Standing NATO Naval Force Atlantic) 88 Häfen: El Ferrol (Spanien), Lissabon, Wilhelmshaven, Kristiansand, Haakonsvern, Stavanger, Narvik, Portsmouth, Aarhus, Kiel, Antwerpen **> 21.11. – 01.12.** SEF (Ständiger Einsatzverband Flotte) Häfen: Hamburg

1989 > 29.02. – 18.03. NATO-Manöver North Star 89 Häfen: Trondheim **> 18.04. – 28.06.** Karibik AAG 107/89 Häfen: Las Palmas), Roosevelt Roads), Charlotte Amalie (USA), St. Juan, Fort Lauderdale (USA), Norfolk, Boston , Cork **> 05.09. – 21.09.** NATO-Manöver Sharp Spear 89 **> 02.10. – 18.12.** Werftliegezeit beim Bremer Vulkan

1990 > 22.02. Kommandantenwechsel: KKpt Springborn **> 12.03. – 24.03.** FORACS, ISEX Sailpass COMNAVBALTAP (Commander Naval Forces Baltic Approaches: d.i. der NATO Oberbefehlshaber der Ostseezugänge) Häfen: Stavanger, Ulsness **> 13.05. – 22.06.** BOST Häfen: Portland **> 03.09. – 19.09.** Teamwork 90 **> 19.10. – 16.12.** NAVOCFORMED (NATO Naval On Call Forces Mediteranean) Häfen: Lissabon), Tarent), Palermo , Souda, Neapel

1991 > 21.01. – 15.02. DESEX 01/91 Häfen: Lissabon, Cagliari, Sardinien **> 15.02. – 17.03.** NATO – Übung: Operation „Southern Guard" Häfen: Souda), Augusta, Palermo **> 23.05. – 18.06.** AAG 907/91, ISEX (Individual Ship Exercise), FÜAKEX (Führungsakademie Exercise) Häfen: Gdingen, Kiel, Warnemünde **> 23.08. – 06.12.** STANAVORLANT 91 Häfen: Kopenhagen, Trondheim, Den Helder, Hamburg, Rosyth, Newcastle, London

1992 > 21.01. – 20.03. DESEX 1/92, Mittelmeer AAG Häfen: Souda, Piräus, Varna, Istanbul, Barcelona, Liverpool **> 11.05. – 21.05.** SEF 921 **> 01.06. – 04.06.** FÜAKEX Häfen: Eckernförde **> 24.08. – 31.08.** Wochenende bei der Marine Häfen: Rendsburg **> 16.09. – 09.10.** Frankreich AAG Häfen: Brest, Cadiz, Portland **> 28.10.** Verlegen zur Werft Blohm + Voss, Häfen: Hamburg

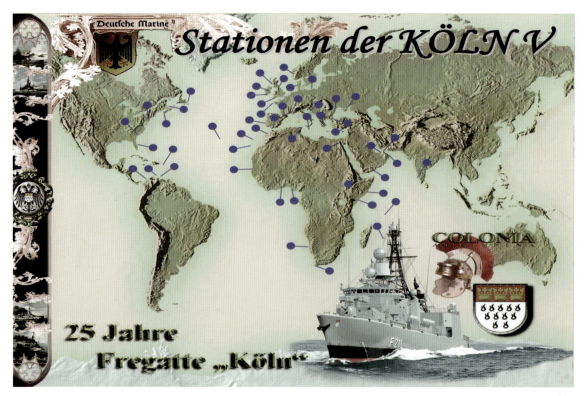

Allegorische Darstellung des Einsatzes der Fregatte Köln. Nach einem Entwurf eines Besatzungsmitgliedes wurden auf einer Weltkarte alle Häfen eingetragen, die das Schiff seit 25 Jahren angelaufen hat

1993 > **01.01. – 02.06.** Depotinstandsetzung in Hamburg > **23.08. – 16.09.** Werftliegezeit beim Bremer Vulkan > **30.08.** Kommandantenwechsel: FKpt Rutz > **06.11. – 16.12.** BOST Häfen: Portland

1994 > **05.01. – 01.02.** STANAVFORMED (Standing NATO Naval Forces Mediteranean) (Sharp Guard) Häfen: Malaga, Tarent > **01.02. – 14.04.** Southern Cross (Evakuierungseinsatz in Somalia) Häfen: Port Saïd, Djibouti, Mogadischou, Mombasa, Suez, Alexandria > **21.11. – 31.12.** STANAVFORMED (Sharp Guard) Häfen: Algeçiras,Palma de Mallorca, Bari, Corfu

1995 > **01.01. – 11.03.** STANAVFORMED (Sharp Guard) Häfen: Patras, Venedig, Neapel, Bari, Palma de Mallorca > **30.03.** Kommandantenwechsel: FKpt Miller > **24.04. – 24.05.** GERMAN FRENCH TASK GROUP Häfen: Warnemünde, Brest > **12.09. – 15.12.** STANAVFORLANT Häfen: Plymouth, Algeçiras, Palma de Mallorca, Neapel , Bari, Neapel, Corfu, Heraklion

1996 > **16.01. – 29.03.** Zwischeninstandsetzung Häfen: Hamburg > **08.07. – 08.08.** Einzelausbildung Häfen: Cork, Plymouth, Lübeck > **12.08. – 20.08.** FORACS Häfen: Ulsness, Bergen > **31.08. – 11.10.** BOST Häfen: Plymouth (GB) > **25.10.** Kommandantenwechsel: FKpt Geister

1997 > **10.02. – 21.02** NATO-Übung Exer-Spring > **15.05. – 18.09.** STANAVFORLANT Häfen: Lissabon, Halifax, St. Johns, Roosevelt Roads, St. Juan, St. Kitts, Ft. Lauderdale, Norfolk, Bermuda, Ponta Delgada

1998 > **10.03. – 22.05.** DESEX Häfen: Cork, Brest, Barcelona, Marseille, Toulon, Souda

1999 > **ganzjährig** Werftliegezeit > **31.03.** Kommandantenwechsel: FKpt Stein

2000 > **bis Juli** Werftphase und Einrüstung TRS-3D > **07.09. – 16.12.** STANAVFORMED Häfen: Algeçiras, La Spezia, Tunis, Izmir, Taranto, Souda, Antalya

Äquatortaufe 2008:
Die Trabanten, Neptuns Gefolge, lauern auf die kommenden Dinge

Legende der in der Aufzählung verwendeten NATO-Abkürzungen
AAG > Ausbildungsfahrt in = Nationale Ausbildungsreise in außerheimischen Gewässern **BOST** > Basic Operational Sea Training = See-ausbildung und Überprüfung in GB **DESEX** > Destroyers Exercise = Offizieranwärterausbildung kombiniert mit Flugkörper-Schießen **EAV** > Einsatz Ausbildungs Verband = Nachfolger des DESEX **FÜAKEX** > Führungsakademie Exercise = Ausbildungsfahrt für die FüAk **FORACS** > NATO Naval Forces Sensors = Vermessungsfahrt And Weapons Accuracy Check Site **ISEX** > Individual Ship Exercise = Einzel-fahrtausbildung **NAVOCFORMED** > NATO Naval On Call Forces = Vorläufer der Mediteranean **STANAVFORMED OEF** > Operation Enduring Freedom = Einsatz gegen den internationalen Terrorismus **SEF** > Ständiger Einsatzverband Flotte = Flottillenübergreifendes nationales Ausbildungsmanöver **STANAVFORLANT** > Standing NATO Naval Forces Atlantic = Ständiger Einsatzverband der NATO Atlantik **STANAVFORMED** > Standing NATO Naval = Ständiger Einsatzverband der Forces Mediteranean, NATO im Mittelmeer

2001 > **29.01. – 25.04.** DESEX 2001 Häfen: Niederländische - Antillen, St. Juan, Roosevelt Roads, Sav-annah, Teneriffa > **27.09.** Kommandantenwechsel: FKpt Schütze

2002 > **02.01. – 10.07.** OEF (Operation Enduring Freedom) 1. Kontingent Häfen: Souda, Djibouti, Port Victoria, Palma de Mallorca ab August Depotinstandsetzung

2003 > **bis April** Werft- und Arsenalliegezeit > **bis Ende August** Einzelausbildung, SAGA, Kieler Woche Häfen: Amsterdam, Kiel > **29.08. – 12.09.** FORACS Häfen: Ulsness, Bergen > **29.09. – 21.11.** BOST Häfen: Plymouth > **06.12. – 31.12.** STANAVFORLANT Häfen: Souda, Aksasz

2004 > **01.01. – 04.06.** STANVFORLANT Häfen: Souda, Venedig, Algeçiras, Rota, Porto, Plymouth, Lissabon, Palma de Mallorca, Antalya, Istanbul, Korfu

2005 > **14.03. – 25.03.** Dockliegezeit > **23.03. – 21.06.** DESEX Häfen: Toulon, Split, Constanta, Sewastopol, Tunis, Lissabon, Glasgow, Faslane , Cork > **bis Dezember** Werftliegezeit

2006 > **bis Juli** Einzelfahrtausbildung > **10.08. – 31.08.** FORACS & Schiffssicherungsausbildung Häfen: Stavanger, Neustadt, Hol. > **10.10. – 16.11.** GOST (German Operational Sea Training) Häfen: Plymouth

2007 > **10.04. – 09.10.** OEF (14.Kontingent) Häfen: Algeçiras, Safaga, Djibouti, Salalah, Fujairah, Mombasa, Dubai, La Valetta

2008 > **15.01. – 16.06.** EAV (Einsatz Ausbildungs Verband) Häfen: Funchal, Madeira , Accra, Walvis Bay, Simonstown, Kapstadt, Port Louis, Mauritius, Cochin , Masquat), Safaga, Barcelona , Casablanca, Portsmouth, Cork

DESEX 2005 Am 23. März 2005 liefen die Fregatten „Köln" und „Sachsen", sowie der Einsatzgruppen-versorger „Frankfurt" und der Betriebsstofftransporter „Spessart" aus. Diese vier Schiffe bildeten den DESEX Verband 2005.(DESEX = Destroyers Exercise) Das Manöver „Trident D'Or" vor der französischen Küste, die Passage des Bosporus, Hafenbesuche im Schwarzen Meer – sowie das Manöver „Joint Maritime Course" um Schottland waren feste Bestandteile unserer Reise.
Auftrag der Fahrt war die Erhöhung der Einsatzfähigkeit, die Ausbildung von Offiziersanwärtern und die Repräsentation der Deutschen Marine im Ausland.

Um 10 Uhr spielte das „Marinemusikcorps Nordsee" auf und verabschiedete uns mit „We are Sailing". Unsere Lieben vergossen Tränen, auch bei uns an Oberdeck blieben nicht alle Augen trocken als es hieß: „Leinen los und ein!"
Wir machten uns auf den Weg zu einer schönen Seefahrt mit interessanten Häfen und einigen anderen Highlights. Der Verband durchlief das Jadefahrwasser und nahm nach Westen Kurs auf den Ärmelkanal und von dort in die Biskaya. An Portugal vorbei, wohl wissend, dass wir es auf dem Rückweg besuchen, gingen wir durch die Straße von Gibraltar, um die iberische Halbinsel zu umrunden. Wir wollten zur fran-zösischen Mittelmeerküste und so erreichten wir am 1. April den Hafen von Toulon. Nach kurzer Ein-weisung begann das Manöver „Trident D'Or".
An diesem Manöver nahmen Einheiten aus Frankreich, Griechenland, Italien, Spanien, den USA, der Tür-kei und natürlich auch unser Verband teil. Vom 4. bis zum 14. April wurde geübt, beschützt, bekämpft und gelacht. Als ein Offizier der spanischen Marine neuer Chef des Datenverbundes zwischen den Ein-heiten werden sollte, bemerkte einer unser Obermaate „Never change a running system!" Amüsant – war doch der Offizier der Achte der spanischen Thronfolge....

Am 15. April liefen wir zum zweiten Mal Toulon an und die Besatzung freute sich auf Frank-reich und seine Köstlichkeiten. Leider hielt Toulon nicht das, was die Vorstellungen verspra-chen. Am 17. April verließen wir Frankreich in Richtung Kroatien. Am 20. April passierten wir die Straße von Messina auf dem Weg in die Adria. Vom 22. Bis zum 25. April lagen wir in der klei-nen aber sehr schönen Stadt Split. Es gab an Bord kaum jemanden, der sich nicht von der malerischen Altstadt positiv überrascht sah und so wurde dieser Hafen mit allen seinen kleinen Gassen und dem Flair der mediterranen Gelassenheit ein echter Geheimtipp für weitere Besuche. Die kroatische Küche und die Herzlichkeit unserer Gastgeber wussten zu jeder Zeit zu überzeugen, und so fiel der Abschied von die-sem schönen Flecken Erde schwer.
Aus dem Mittelmeer entschwanden wir durch den Bosporus, wo Europa und Asien sich die Hände reichen, durch die Enge von Istanbul hindurch, wo das Schwarze Meer auf uns wartete. Der Weg nach Rumänien teilte unseren Verband. Die Fregatte „Sachsen" und der Versorger „Spessart" liefen nach Varna in Bulgarien und wir nach Constanta.

Am 29. April war es dann soweit und der Hafen von Constanta kam in Sicht und die Besatzung auf Passieraufstellung. Rumänien als große Unbekannte auf unserer Reise zeigte sich der Besatzung von un-terschiedlichsten Seiten. Constanta selber hatte leider nicht viel zu bieten. Die Menschen waren freund-lich und aufgeschlossen, jedoch bot die Stadt ein doch recht heruntergekommenes Bild. Als Fazit sollte man wohl sagen: „Man war mal da, aber es muss auch nicht wieder sein!"

Weiter nach Nord machten wir uns klar, die Krimstadt Sewastopol zu besuchen. Auf Passieraufstellung bot sich uns ein Bild, wie es viele noch nicht gesehen hatten oder auch nicht mehr zu sehen bekommen werden. Ca. 100 Demonstranten begrüßten uns mit Transparenten auf denen „NJET NATO!" zu lesen war, dazu begleitete die Nationalhymne der ehemaligen Sowjetunion unser Einlaufen. Zur Ehrenrettung der Ukraine sollte man anmerken, dass die Bevölkerung der Besatzung wohl gesonnen war und nur eine kleine Anzahl von ewig Gestrigen laut wurde.

Kommandoübergabe in Port Safaga, 24.04.2007

Das Boarding Team der Köln nähert sich mit dem Speedboot einem Frachtschiff

Bordhubschrauber Sea Lynx

Auf dem gleichen Weg verlegten wir nach Süden durch den Bosporus, an Istanbul vorbei, durch die Dardanellen. Nach dem Passieren der Ägäis nahmen wir Kurs nach West. Tunis wartete schon. Tunesien begrüßte uns mit schönem Wetter und so machten sich einige auf, das Land zu erkunden, während sich andere wiederum für drei Tage in einem Hotel entspannten. Karthago und Medina waren nicht allzu weit entfernt, so wurde es ein kleiner Trip durch die Wüste an alte ehrwürdige Orte. Mit dem Passieren von Gibraltar verließen wir das Mittelmeer und marschierten nordwärts nach Lissabon. Die portugiesische Hafenstadt glänzte mit strahlendem Sonnenschein; auch das Denkmal von Prinz Heinrich dem Seefahrer und die Brücke des 14. Mai zeigen sich von ihrer schönsten Seite. Mit ihrem hügeligen Auf und Ab war Lissabon nicht einfach zu Fuß zu erkunden, jedoch nahmen es viele auf sich und wurden nicht enttäuscht. Kleine Gassen und eng an eng stehende Häuser zeigten sich in Hülle und Fülle. Die Altstadt, beschützt vom „Schwarzen Reiter", lud zum Shopping oder die Hamburgo-Bar zum Feiern ein. Der Lissabon-erfahrene Seefahrer weiß, was dort alles los ist.

Portugal verlassend, ging es durch die Biskaya Richtung englischer See. Die „Spessart" verließ uns und der Einsatzgruppenversorger „Frankfurt am Main" sollte uns von nun an als Begleiter zur Seite stehen.

Schottland, genauer Glasgow, war unser nächstes Ziel, welches wir zielstrebig ansteuerten. Eine echtes Juwel im Nordwesten der britischen Insel zeigte sich uns und nicht wenige trauerten, als das Manöver „Joint Maritime Course" begann. Das JMC ließ uns knapp 2 Wochen im Kriegsmarsch Gut gegen Böse spielen und wurde erfolgreich abgeschlossen. Als Randnotiz ist zu vermerken, dass bei einem Manila-Hochleine-Manöver unser IO (FKpt Reinicke) gedippt wurde. Schönes Schauspiel und er hatte nichts geahnt. Ähnlich der Besatzung, als es hieß ab nach Faslane. Faslane ist ein kleiner Ort ca. 50km von Glasgow entfernt und dort werden nicht einmal Hunde begraben. Nach zwei Tagen war das Trauerspiel vorbei.

Unser letzter Stopp brachte es mit sich, dass die „Sachsen" und auch die „Frankfurt am Main" uns verließen. Dublin war ihr Ziel und wir waren auf dem Weg die Weltkulturhauptstadt 2005, Cork, zu erkunden. Die Patenstadt der Stadt Köln zeigte sich bei schönstem Wetter und malerisch. Cork ist eine Reise wert, ohne Zweifel, jedoch waren es nur noch drei Tage bis uns unsere Lieben wieder haben sollten. Los ging es mit Richtung auf die deutsche Küste und auf das Jadefahrwasser. Mit jeder gewonnen Seemeile wurde das Wasser dunkler und pünktlich um 10 Uhr ging der DESEX-Verband durch die Molenköpfe des Stützpunktes Wilhelmshavens. Die Angehörigen aber auch die Besatzungen waren gerührt und froh wieder beieinander zu sein – Egal wo auf dieser Welt man ist, zu Hause ist es doch am schönsten.

Klarmachen des Speedbootes für einen Boardingeinsatz

GOST 2006 Die Fregatte Köln absolvierte vom 10. Oktober bis zum 16. November 2006 das German Operational Sea Training. Das, oder „der" GOST, stellt für deutsche Einheiten den Abschluss der Einsatzausbildung dar. Nach einem erfolgreich absolvierten GOST darf sich eine deutsche Einheit als „combat ready" bezeichnen und ist damit klar für den Einsatz im Ausland. Die Ausbildung selber dauert sechs Wochen und findet im südenglischen Plymouth statt. Über die Wochen hinweg wird dabei der Schwierigkeitsgrad kontinuierlich gesteigert, bis hin zu Mehrfachbedrohungen in der sechsten Woche. Allerdings wurden hier nicht nur die Fähigkeiten der Köln zur Seekriegsführung, also dem „Äußeren Gefecht", auf die Probe gestellt. Im „Inneren Gefecht" wurde die Besatzung in der Brand- und Leckabwehr geprüft, durch komplexe Fehlereinspielungen die Kompetenz der Reparaturteams gefordert und die Sauberkeit und Hygienebestimmungen in Kombüse, Decks und Gängen kontrolliert.

Schon der Transit nach Plymouth sollte sich als erste Bewährungsprobe darstellen. Nach Unsicherheiten an unserem Feuerlöschstrang konnten wir erst mit acht Stunden Verspätung auslaufen. Gleichzeitig hatte sich das Wetter verschlechtert und so waren wir gezwungen, mit 24 Knoten gegen 2m See anzuarbeiten. Für viele der Neuen und dem eingeschifften Kölner EXPRESS-Reporter ein bemerkenswertes Erlebnis. Unsere Mühen wurden allerdings belohnt und so konnten wir nach diesem Hochgeschwindigkeitstransit pünktlich den Wellenbrecher des Plymouth Sund passieren.

Der GOST selber wurde nach den Erfahrungen der Britischen Marine im Krieg um die Falkland-Inseln ins Leben gerufen. Da dies die einzige, bewaffnete Auseinandersetzung zur See mit modernen Lenkwaffen darstellt, nutzt die Deutsche Marine die teilweise bitter erkauften Erkenntnisse der britischen Verbündeten. Hier war bei uns vor allem der wöchentliche Krieg beliebt: Jeden Donnerstag fand der so genannte „weekly war" statt. Acht Stunden lang wurden dort komplexe Szenarien eingespielt, die durch die Köln abzuarbeiten waren. Für viele Besatzungsmitglieder neu war das „action messing".

Leckwehrübung: Abstützung mit höl-
zernen Leckwehrbalken

Vorbereitung für eine RAS- Manöver
(Replenishment at Sea. d.h Versorgung
auf See z.B. Brennstoffübernahme)

Die Kombüse musste mittags innerhalb von 40min die gesamte Besatzung satt bekommen. Rechnet man den Hin- und Rückweg von der Gefechtsstation ab, blieben jedem Besatzungsmitglied etwa 10 Minuten für das Mittagessen. Natürlich musste dieses (der Hygiene wegen!!) mindestens 75°C haben. Lustige Szenen spielten sich also ab, als die Kölner ihre Nudeln an Tomatensauce mit Sprudelwasser hektisch abzulöschen versuchten, um dann flugs wieder zu ihren Gefechtsstationen zu eilen. Es sollte zwar nur satt machen, geschmeckt hat es aber trotzdem jedem!

Aber nicht nur die angesprochenen, klassischen Szenarien wurden überprüft. Auch Aufgaben wie Schutz der Köln vor terroristischer Bedrohung im Hafen, Hilfeleistung in See und Katastrophenhilfe galt es zu meistern. So trieben sich am Morgen des 1.11.2006, einem Mittwoch mit wunderschönem südenglischen Herbstwetter, zwielichtige Gestalten vor der Köln herum.

Natürlich waren wir dafür bestens gerüstet und als uns eine Horde aufgebrachter „Demonstranten" mit Mehl bewarf, machten wir sie mit den bereitliegenden Feuerlöschschläuchen ordentlich nass. Bei den vorherrschenden Luft- (und Wasser-) Temperaturen war die „Demonstration" dann auch schnell aufgelöst.

Ganz andere Fähigkeiten wurden der Besatzung abgefordert bei einer Hilfeleistung in See und einer Katastrophenübung. Der niederländische Versorger Zuiderkruiz stellte dabei ein Schiff in Seenot dar. Durch ein Kommando der Köln wurden Feuer gelöscht, Stromversorgung und Antrieb wieder hergestellt, Verwundete versorgt und abgeborgen. Eine ähnliche Situation stellte sich der Besatzung auf einem ehemaligen Munitionsgelände in der Nähe des Liegeplatzes dar. Nach einer Naturkatastrophe musste das „Landkommando" der Köln vermisste Personen auffinden, Verletzte versorgen, eine Infrastruktur mit Kommunikation, Krankenhaus, Verpflegung und Sanitäreinrichtungen wiederherstellen. Zusätzlich waren so genannte Non-Governemental Organisations, zivile Hilfsorganisationen vor Ort, die es in das Krisenmanagement mit einzubeziehen galt. Legendär war für die englischen Searider das goldene Plumpsklo, das unsere „Ziegen" errichteten. Man munkelt, dass der Kölsche Pott immer noch steht.

In der sechsten Woche wurde die Köln und ihre Besatzung noch einmal auf Herz und Nieren geprüft. Anschließend erfolgte dann die Bewertung, die wir mit einem durchaus positiven Ergebnis abschließen konnten. Nach dieser Bestätigung unserer Leistungen und Fähigkeiten erhielten wir dann auch das ersehnte Prädikat und machten uns auf den Heimweg. Dieser Transit wird traditionell mit „Heimatumdrehung" durchgeführt. Auch das Wetter war uns diesmal gewogen, so dass wir unsere Lieben am 17. November 2006 bereits vormittags wieder in die Arme schließen konnten.

Die Besatzung bildet durch Antreten auf dem Flugdeck das Kürzel „OEF 07" (Operation Enduring Freedom) zu Beginn der Teilnahme an diesem Einsatz 2007

Operation Enduring Freedom (OEF) 2007 Am 10. April 2007 lief die Köln nach langen Einsatzvorbereitungen und Überholungsarbeiten aus in Richtung Horn von Afrika. Dort stellte sie in der Task Force 150 (TF 150) das 14. Kontingent des US-amerikanisch geführten Anti-Terror-Einsatzes „Enduring Freedom" dar.

In zwölf Transittagen ging es nach Djibouti. Entlang der niederländischen Küste, durch den Ärmelkanal in die Biskaya, durch die Straße von Gibraltar sollte die Reise gehen. Von dort aus dann einmal quer durch das Mittelmeer bis vor den Suez Kanal.

Auf diesem Teil des Weges führte die Fregatte Köln eine Luftabwehrübung vor der portugiesischen Küste durch, bei der die Besatzung ihre Einsatzbereitschaft noch einmal unter Beweis stellte.

Am 15. April passierte die Fregatte Köln die Straße von Gibraltar und in der Nacht des 19. April erreichte die Köln Port Suez, dort ging sie auf Reede, um dann am darauf folgenden Morgen den Konvoi mit 27 Frachtschiffen durch den Kanal anzuführen. Insgesamt dauerte die Fahrt durch den 161 km langen Kanal 15 Stunden und 9 Minuten. Mit dem Austritt aus dem Suez Kanal war die Köln offiziell „im Einsatz" und damit in die amerikanische Befehlsstruktur eingegliedert.

Erster Hafen nach der Kanaldurchfahrt war Safaga in Ägypten. Dort fand die Übergabe am 21. April statt, bei der die Fregatte Bremen ihre bereits gewonnenen Erfahrungen vom Einsatz an die Köln weitergab. Am 22. April ging es dann auch schon weiter in Richtung des Einsatzhafens Djibouti. Drei Tage später machte die Besatzung der Köln endgültig die Bekanntschaft mit dem Afrikanischen Kontinent. Bis zum 27. April blieb die Köln in Djibouti. Dieser Hafen fungiert für die deutsche Marine als Versorgungsstützpunkt innerhalb des Einsatzgebietes am Horn von Afrika. Insgesamt lief die Fregatte Köln diesen Hafen siebenmal an, um sich mit allem benötigten Personal und Material aus Deutschland zu versorgen.

Am Morgen des 27. April lief die Fregatte Köln dann zu ihrer ersten Operation im Rahmen des Einsatzes OEF in den Golf von Aden. Der Verband, dem die Köln von nun an angehören sollte, setzte sich aus Schiffen verschiedener Nationen zusammen. Darunter befanden sich Amerikanische, Englische, Französische und sogar eine Pakistanische Einheit. Mit dem Erreichen des Golfs von Aden begann die erste gemeinsame Operation gegen den Terrorismus in diesem Seegebiet. Hauptsächlich wurde die Köln an der somalischen Nordküste eingesetzt, dort wurde ihr ein Patrouillengebiet zugeteilt, in dem sie die lokalen Schifffahrtswege überwachte. Dabei wurde nach verdächtigen Schiffen Ausschau gehalten, die aktiv den Internationalen Terrorismus oder dessen Finanzierung unterstützen. Typischerweise handelte es sich dabei um die in diesem Seegebiet weit verbreiteten, relativ kleinen Dhows.

Am 5. Mai lief die Köln in Salalah ein. Salalah ist eine kleine Stadt im Westen des Sultanats von Oman. Dieser Hafen bot vielen erstmals die Möglichkeit sich mit den Besonderheiten der Arabischen Welt auseinanderzusetzen. So waren die folgenden fünf Tage für die Besatzung eine spannende Abwechslung.

Am 10. Mai lief die Köln dann wieder aus. Bei der kommenden Operation sollte sie mit der CARTER HALL, einem Amerikanischen Landungsschiff, die Schmuggelrouten im Golf von Aden überwachen. Der Führungsstab aus Bahrain hatte die Weisung ausgegeben, nach mehreren mit Drogen beladenen Dhows zu suchen. Dabei bekam die Fregatte Köln ein Gebiet zugewiesen, das zwischen den jeminitischen Küstenstädten Ras Fartak und Al Mukalla lag. Beide Städte gelten als spezielle Anlaufpunkte für Drogenhandel im Jemen. Von dort gelangen diese Drogen über Händler bis nach Europa. Die Gewinne aus diesen Drogenverkäufen kommen den verschiedenen Terrornetzwerken zugute. Am 14. Mai in den frühen Morgenstunden ging das Boarding-Team der Köln zur näheren Untersuchung an Bord einer Dhow. Nach eingehender Prüfung durfte sie dann ihren Weg weiter fortsetzen. Den Abschluss dieser Operation bildete ein RAS-Manöver (RAS = Replenishment at Sea) mit den beiden Amerikanischen Einheiten USNS RAINIER und der USS BATAAN, das am Morgen des 15. Mai stattfand. Optisch stellte dieses RAS-Manöver beeindruckend die Unterschiede dar, welche zwischen den einzelnen Einheiten bestanden. Am 16. Mai bekam die Köln noch einen weiteren Auftrag: Die CARTER HALL ließ anfragen, ob es der Köln möglich wäre, einige amerikanische Soldaten aufzunehmen, um diese in Djibouti abzusetzen. Natürlich wurde innerhalb kürzester Zeit darauf reagiert und die Soldaten wurden per Helikopter zur Köln gebracht. So hatten wir noch ein paar Gäste bis Djibouti.

Am 27. Mai erreichte die Köln ohne weitere Zwischenfälle Fujairah, einen Hafen im Aufbruch in den Vereinigten Arabischen Emiraten. Der Aufenthalt in Fujairah wurde wieder dazu genutzt, um sich auf die bevorstehende Operation vorzubereiten. Hier stellte die Köln ab dem 2. Juni den Koordinator für die pakistanische Einheit Shahjahan dar. Zweck dieser neuen Operation war es, den Schiffsverkehr in Richtung der Straße von Hormuz, sowie von der arabischen Halbinsel nach Iran und Pakistan aufzuzeichnen und eventuelle verdächtige Fahrzeuge zu identifizieren und zu durchsuchen. Wichtig war auch, den Auslaufhafen bzw. den Einlaufhafen der jeweiligen Schiffe aufzunehmen, um so neue Routen zu erkunden. Am 4. Juni kam es dann zu einem Versorgungsmanöver der besonderen Art. Der japanische Versorger Hamana und sein Geleitschutz, der Zerstörer Suzunami, befanden sich im Golf von Oman. Für die Japaner stellt dieses „Oil For Freedom" den Beitrag zu OEF dar. Dadurch ermöglicht Japan die Versorgung aller im Einsatzgebiet stehenden Einheiten mit Kraftstoff. Beide Einheiten stellten ihr seemännisches Können unter Beweis und somit gelang ein außergewöhnliches Stück internationaler Zusammenarbeit auf See.

Leider sollte die Operation im Golf von Oman nicht ihren gewohnten Gang nehmen. Am 6. Juni zog ein Zyklon aus dem Indischen Ozean herauf, durch den Golf von Oman in Richtung Iran. Der Sturm mit acht Meter hohen Seen zwang alle Dhows und kleinere Schiffe in die Häfen. Auch die Schiffe der Task Force 150 gingen auf Nummer sicher und verlegten durch die Straße von Hormuz in den Persischen Golf. Dort fand die Fregatte Köln Schutz vor dem zu erwartenden Zyklon „Gonu". Am 7. Juni ankerte die Köln nördlich von Dubai und wartete den Verlauf des Wirbelsturms ab. 24 Stunden später hatte sich der Zyklon aufgelöst und die Köln verlegte wieder zurück durch die Straße von Hormuz in den Golf von Oman, um dort ihrem Auftrag weiter nachzukommen. Hinterher stellte sich heraus, dass es sich bei diesem Wirbelsturm um einen der stärksten seit den letzten 60 Jahren in dieser Region gehandelt hatte. Auf dem Rücktransit begegnete die Köln im Golf von Aden dem französischen Zerstörer DUPLEIX. Selbstredend wurde die Gelegenheit genutzt, um eine gemeinsame Überwasserseekriegsübung durchzuführen. In der Nacht vom 12. auf den 13. Juni fand diese dann über mehrere Stunden hin statt. Ziel war es, den Gegner so früh wie möglich mit einem minimalen Einsatz der zur Verfügung stehenden Sensoren zu entdecken. Natürlich zog die Köln wieder einmal clever, fair und damit erfolgreich von dannen. Am 15. Juni liefen wir dann nach 14 Tagen auf See zum dritten Mal den Einsatzhafen Djibouti an.

Drei Tage später ging es morgens nach Mombasa, einen besonders interessanten Hafen an der Ostküste Afrikas. Das Auslaufen wurde genutzt, um an einer Luftabwehrübung mit den in Djibouti stationierten französischen Kampfjets teilzunehmen. Insgesamt waren 4 MIRAGE 2000 Jäger in der Luft um das Können der Köln auf die Probe zu stellen. Für beide Seiten war es eine Übung, die alle Wünsche erfüllte und eine willkommene Abwechslung bot zu den sonstigen Operationen in diesem Einsatz. Die Insel Socotra passierte die Köln am 19. Juni und nahm weiter Kurs in den Indischen Ozean. Dort wurde das Wetter erneut schlechter. Hohe Wellen, starker Wind und Strom von bis zu 4 Knoten gegenan ließen die Köln sich nur langsam ihrem Ziel nähern. Für viele Besatzungsmitglieder der Köln stand mit diesem Törn die erste Überquerung des Äquators an. Bekanntermaßen durften die Ungetauften sich auf eine spannende Zeremonie freuen, mit der sie vom Schmutz der Nordhalbkugel befreit und einer von Neptuns Anhängern werden würden. Trotz des schlechten Wetters und des hohen Seegangs waren die Taufe und die Überquerung des Äquators ein gelungenes und unvergessliches Erlebnis, das die Besatzung in ihrem Zusammenhalt gestärkt hat.

Am 23. Juni erreichte die Fregatte Köln Mombasa. Das Besondere an diesem Hafen war, dass die Köln das erste deutsche Kriegsschiff seit 13 Jahren war, welches in Mombasa einlief. Natürlich sorgte diese Nachricht für einigen Wirbel in der Stadt. Dementsprechend gut besucht war dann auch der Empfang auf dem Flugdeck der Köln. Ranghohe Gäste wie der Deutsche Botschafter und der Bürgermeister Mombasas waren vertreten. Nach diesem abwechslungsreichen Hafenaufenthalt lief die Köln am 27. Juni wieder in Richtung Djibouti aus, um eine Aufklärungsfahrt entlang der somalischen Küste durchzuführen. An dieser Küste befinden sich die Camps und Ankerstellen, die Piraten als Ausgangsbasen nutzen um Angriffe auf die Handelsschifffahrt, bis in den Golf von Aden hinauf, zu starten. Im Anschluß daran nahm sie zum vierten Mal Kurs auf Djibouti.

Vom 4. bis 10. Juli dauerte diesmal der Aufenthalt. Die nächste Station sollte Dubai sein, der wohlverdiente Liberty Port in den Vereinigten Arabischen Emiraten. Die Reiseroute führte entlang der Küste des Yemen und Oman durch den Golf von Aden in den Golf von Oman. Bevor die Köln aber die Straße von Hormuz durchquerte, traf sie am Morgen des 17. Juli auf mehrere Schiffe der omanischen Marine, die in großer Zahl zu einem Manöver unterwegs waren. Am 18. Juli kam es zu einem Treffen mit dem

Besuch der Caritas-Station in Djibouti   Köln (oben) bei einem RAS-Manöver, in   Französische Fallschirmspringer bei der
                                          der Mitte der Versorger   Übung TARPON

französischen Versorger SOMME. Dort befand sich der CTF 150 Stab, unter der Leitung des RearAdmiral Hinden. In der Nacht vom 18. Juli auf den 19. Juli durchfuhr die Köln erneut die Straße von Hormuz. Mit Sonnenaufgang am 19. Juli erreichte die Köln dann wohlbehalten den Liberty Port Dubai. Eine moderne Metropole der Superlative, die nach vielen Tagen auf See eine willkommene Abwechslung bot und für die nächsten zehn Tage zum Aufenthalts- und Erholungsort der Köln und ihrer Besatzung wurde.

Am 29. Juli ging es erneut zurück nach Djibouti. Wie auf dem Hinweg ging die Route wieder durch die Straße von Hormuz entlang der Küsten des Oman und des Yemen in den beinahe heimischen Golf von Aden. Vom 4. bis 7. August 2007 stand dann der fünfte Aufenthalt in Djibouti an. Am Auslauftag führte die Fregatte Köln wieder eine Luftabwehrübung mit einer französischen Mirage durch.

Am 31. August stand für die Köln dann eine Übung mit den in Djibouti stationerten französischen Truppen auf dem Programm, die Übung „TARPON". Bei dieser Übung wurden durch eine französische Transportmaschine in mehreren Wellen Fallschirmjäger und ihr Gepäck über dem Golf von Tadjoura (dem Seegebiet vor Djibouti) abgeworfen, die dann von dem Speedboot der Köln und den Booten der Franzosen gefischt werden sollten. Dieses war aufgrund des professionellen Vorgehens beider Seiten kein Problem und somit wurde die Übung „TARPON" am frühen Vormittag erfolgreich absolviert und die französischen Fallschirmjäger wieder zurück zur Küste gebracht. Die Köln machte sich nun auf den Weg zu einer Patrouille entlang der somalischen Nordküste, um den dortigen Dhow- und Küstenverkehr zu überwachen.

Bis zum 8. September ging diese letzte Operation. Ein letztes Mal lief die Fregatte Köln in Djibouti ein um, sich für den langen Rückweg nach Wilhelmshaven zu rüsten. Am 11. September dann ging es durch den Bab el Mandeb zurück ins Rote Meer zur Ägyptischen Hafenstadt Safaga und wie ein halbes Jahr zuvor die Fregatte Bremen wartete die Köln dort auf die Fregatte Augsburg, die nun für die folgenden 6 Monate die Arbeit in diesen gefährlichen Gewässern durchführen sollte. Am Montag, den 24 August war es dann soweit, die Augsburg wurde gebührend empfangen und für die Köln endete der Einsatz OEF. Am 25. September ging es in Richtung Suezkanal und nach dem Passieren des Kanals rückte der heimische Kulturkreis wieder etwas näher.

Der Weg durch das Mittelmeer, entlang der nordafrikanischen Küste wurde nur einmal am 30. September unterbrochen durch einen dreitägigen Aufenthalt in La Valletta auf der Insel Malta. Mit der Durchfahrt der Straße von Gibraltar war es nur noch eine Woche bis die Fregatte Köln, nach anstrengenden und ereignisreichen sechs Monaten, am 9. Oktober wieder in den Heimathafen Wilhelmshaven einlief.

Äquatortaufe 1930

Die Äquatortaufe ist ein althergebrachtes, weltweit gepflegtes Brauchtum der Seeleute, das auch in der deutschen Marine bis zum heutigen Tag gepflegt wird. Es stammt ursprünglich aus der Zeit der portugiesischen Entdeckungsreisen und diente als Initiationsritus und zur Bekräftigung des Glaubens und des Mutes angesichts des gefürchteten Äquators.

Die Fregatte F211 „Köln" hat in ihrem letzten Einsatzzeitraum zwei Reisen auf die Südhalbkugel unternommen. Dies ist zum einen die Teilnahme an der Operation ENDURING FREEDOM im Jahr 2007 und zum anderen am Einsatzausbildungsverband 2008. Hierbei tauchten insgesamt ca. 260 Soldaten erstmals in das Reich Neptuns ein.

Drei der fünf deutschen Kriegsschiffe des Namens Köln haben vielfach den Äquator überquert und hierbei zahlreiche ungetaufte Besatzungsmitglieder auf die Überquerung der „Linie" vorbereitet. Der Ablauf der Äquatortaufe, früher auch als Linien- oder Wendekreistaufe bezeichnet, ist traditionell festgelegt: Am Tag vor der Überquerung kommt Admiral Triton, oberster Heerführer Neptuns, mit seinen Trabanten aus seinem „Unterwasser Kristallpalast" und begibt sich an Bord. Er wird selbstredend mit gebührendem Zeremoniell empfangen und mustert die angetretene Besatzung. Diejenigen Besatzungsmitglieder, die sich im Vorfeld besonders unbotmäßig und durch geringen Respekt vor seinem Reich hervorgetan haben, werden schließlich für vogelfrei erklärt. Sie erhalten schon während dieser Triton-Musterung bereits eine kleine „Kostprobe" der eigentlichen Taufe. Am Tauftag schließlich bereiten die schon früher getauften und dies durch ihre Taufurkunde nachgewiesenen Besatzungsmitglieder in aller Frühe das Oberdeck zur Taufe vor und wecken im Anschluss mit großem Radau das „ungetaufte Pack". Dieses erhält Gelegenheit, ein kleines Frühstück aus Wasser, Brot und Salz einzunehmen. Hierbei empfiehlt sich ein bisschen Zurückhaltung, denn es folgen noch zahlreiche maritime Leckereien und fischige Delikatessen. Neptun selbst ist zu diesem Zeitpunkt längst aus seinem Unterwasserkristallpalast aufgestiegen und hat sich mit seinem Gefolge auf der Köln eingefunden. Nach dem Frühstück werden die Ungetauften an Oberdeck versammelt, von den Trabanten auf die Taufe eingestimmt und schließlich in kleinen Gruppen zur Taufe geführt.

Äquatortaufe 2008 – Neptun und sein Hofstaat

Der Taufparcour, den es zu bestehen gilt, setzt sich aus vielerlei Stationen zusammen

Der Hofbarbier Er sorgt für die korrekte Haar- und insbesondere Barttracht der Täuflinge. Hierzu verwendet er einen besonders schmackhaften Rasierschaum und seinen Säbel.

Der Hoffotograf Von jedem Täufling wird ein Tauffoto mit einer der modernsten Fotokameras aus dem Reich Neptuns angefertigt.

Der Hofarzt Das Gesundheitssystem Neptuns zeichnet sich besonders durch die Präventivmedizin aus. Jeder Täufling wird vom Hofarzt untersucht und je nach Befund vorsorglich mit Pillen und heilenden Tränken versorgt. Hierbei ist zu bemerken, dass den Täuflingen in all diesen Präparaten „nur" Lebensmittel verabreicht werden, was auch der Schiffsarzt offiziell bestätigt hat.

Der Hofastronom Mit seinem stark vergrößernden Teleskop-Fernrohr zeigt er den Täuflingen die Schönheit des Äquators.

Das Taufbecken Kurz vor dem Abschluss der Taufe erhalten die Täuflinge Gelegenheit, sich im Taufbecken vom Staub und Schmutz der Nordhalbkugel reinzuwaschen und die Schönheit der Unterwasserwelt zu bewundern. Die Trabanten sind ihnen dabei stets behilflich.

Zwischen den einzelnen Stationen ist für das leibliche Wohl gesorgt und maritime Köstlichkeiten und Tränke werden an den Füttertischen verabreicht.

Schließlich sind die Täuflinge so weit, reingewaschen und bekehrt, um vor den mächtigen Neptun und seine wunderschöne Gemahlin Thetis zu treten, die beide leicht erhöht thronend die Ehrerbietungen der Aspiranten entgegennehmen. Neptun selbst badet seine mit Schwimmhäuten ausgestatteten Füße in einem traditionellen Sud aus Käse und Fisch. Der Täufling tut gut daran, ihm unterwürfig die Füße zu küssen und die Schönheit seiner Gattin anzuerkennen. Ist es ihm gelungen, die Gunst Neptuns zu erlangen, so hat er sich unverzüglich beim Kommandanten als vom Schmutz der nördlichen Erdhalbkugel gereinigt, maritim geläutert und getauft zu melden. Andernfalls bringen ihn die Trabanten zurück an den Beginn des Taufparcours. Der Aktuar, der dem Kommandanten zur Seite steht, notiert die Namen der frisch getauften und fertigt später die Taufurkunden aus. Diese nehmen einen hohen Stellenwert im Leben eines Seemannes ein, denn sie dienen fortan dazu, sich beim Befahren der Südhalbkugel auszuweisen.

Olaf Rahardt '09

Cöln in ihrem ersten und letzten Gefecht am 28. August 1914. Gouache des Marinemalers Olaf Rahardt von 2009.
Ein Farbdruck kann bei Olaf Rahardt, Marktstraße 1 in 07407 Rudolstadt erworben werden.

51

Karte 28.

Die Vernichtung der „Cöln".

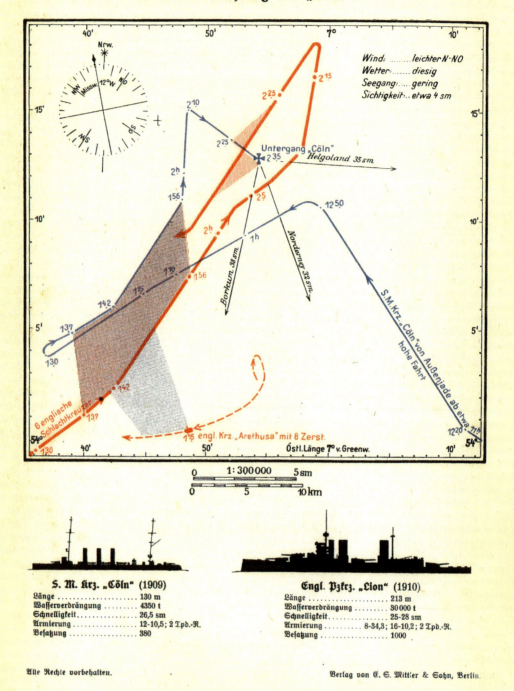

S. M. Krz. „Cöln" (1909)
Länge	130 m
Wasserverdrängung	4350 t
Schnelligkeit	26,5 sm
Armierung	12-10,5; 2 Tpd.-R.
Besatzung	380

Engl. Pzkrz. „Lion" (1910)
Länge	213 m
Wasserverdrängung	30 000 t
Schnelligkeit	25-28 sm
Armierung	8-34,3; 16-10,2; 2 Tpd.-R.
Besatzung	1000

Verlag von E. S. Mittler & Sohn, Berlin.

fünf schiffe cöln/köln – ein rückblick

HARTMUT KLÜVER

1909 übernahm die Stadt Köln erstmals die Patenschaft für ein deutsches Kriegsschiff, das ihren Namen trug. Seitdem hat sich vieles verändert. Heute besitzt die Deutsche Marine mit der Fregatte Köln das fünfte Schiff, das diesen Namen trägt.

Fünf Schiffe Cöln (nach der alten, vorübergehend gebräuchlichen Schreibweise) bzw. Köln stehen stellvertretend auch für einhundert Jahre deutsche Schiffahrts- und vor allem Marinegeschichte. Sie dienten in der Kaiserlichen, der Reichs-, der Kriegs-, der Bundes- und schließlich nach der Wiedervereinigung der Deutschen Marine:

- **1909 bis 1914 der Geschützte Kreuzer Cöln der Kaiserlichen Marine**
- **1916 bis 1919 der Geschützte Kreuzer Cöln der Kaiserlichen Marine**
- **1929 bis 1945 der Leichte Kreuzer Köln der Reichs- und Kriegsmarine**
- **1958 bis 1982 das Geleitboot, später Fregatte F220 Köln der Bundesmarine**
- **Seit 1984 die Fregatte F211 Köln der Bundes- bzw. Deutschen Marine**

Die fünf Schiffe Köln stehen für eine sehr bewegte Marinegeschichte, in der sie immer an vorderer Stelle im Einsatz standen. Drei dieser fünf Schiffe erlebten Krieg und Seegefecht im Ersten und Zweiten Weltkrieg. Nur zwei Schiffen, den Fregatten der Bundesmarine war es vergönnt, ihren Dienst bislang ausschließlich in Friedenszeiten zu tun, wenngleich die Gegenwart mit den Aktionen zur Bekämpfung der Piraterie auch für die Besatzung der jetzigen Fregatte Köln Gefahren bereithält.

Die erste Cöln sank nach einem Gefecht gegen einen weit überlegenen Gegner. Die zweite Cöln wurde von ihrer Besatzung in Scapa Flow versenkt, damit sie nach der Niederlage des Ersten Weltkrieges und der folgenden Internierung nicht in gegnerische Hände fiel. Die dritte Köln wurde, bereits gesunken und auf ebenem Kiel im Hafenbecken liegend, von ihrer Restbesatzung gesprengt.

Fünf Schiffe Cöln und Köln stehen aber auch für eine enge Bindung der Bevölkerung der Stadt Köln an „ihr" Schiff und für eine nunmehr einhundert Jahre andauernde Patenschaft der Domstadt für „ihr" Schiff. Diese Patenschaft ist heute noch genauso lebendig wie vor einhundert Jahren und wird immer wieder von der Kölner Bevölkerung, besonders am vom seit einigen Jahren bestehenden Freundeskreis der Fregatte Köln mit Leben erfüllt.

Der erste kleine geschützte Kreuzer Cöln (1909 – 1914) Die erste Cöln war ein kleiner geschützter Kreuzer, der als Ersatz „Schwalbe" bei der Germania-Werft in Kiel in Auftrag gegeben wurde, nachdem schon im Haushaltsjahr 1908 die Mittel für die erste Baurate bereitgestellt worden waren. Der Stapellauf erfolgte Anfang Juni 1909. Taufpate war der damalige Kölner Oberbürgermeister Wallraff, der das Schiff auf den Namen Cöln taufte. Die Schreibweise des Namens der Rheinmetropole mit „C " war durch allerhöchste Weisung festgelegt worden, abgeleitet vom lateinischen Colonia.

Technisch war das neue Schiff eine Weiterentwicklung des bereits im Einsatz bewährten Typs der deutschen kleinen geschützten Kreuzer. Zu diesem Typ gehörten auch die später durch ihre Fahrten so bekannten kleinen Kreuzer Emden und Dresden. Die technischen Angaben der verschiedenen zeitgenössischen Quellen differieren etwas. Gegenüber den Vorgängerschiffen hatte man auf Cöln die Artillerie um zwei weitere 10,5 cm-Geschütze (Schnellfeuerkanonen 10,5 L/45)verstärkt. Dies hatte ebenso wie die Steigerung der Geschwindigkeit und damit des notwendigen Kohlevorrates für die

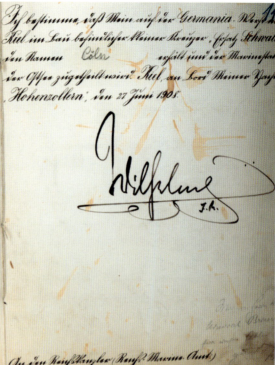

Kaiser Wilhelm II (1859 - 1941) in der Uniform eines Großadmirals Durch seine persönliche Unterschrift befahl der Kaiser den Kreuzer-
neubau Cöln zu nennen

dampfbetriebenen Turbinen eine deutliche Vergrößerung der Wasserverdrängung mit sich gebracht, die damit bei 4350ts lag. Bei einer Länge von 130m und einer Breite von 14m hatte die Cöln einen Tiefgang von rund 5m. Die im Frieden auf 363 geplante Besatzung wuchs in Kriegszeiten auf 23 Offiziere und 485 Unteroffiziere und Mannschaften auf. Zu den in den Jahren 1908-11 erbauten Schwesterschiffen gehörten die Kleinen Kreuzer Kolberg, Mainz und Augsburg, so dass die nach dem Typschiff Kolberg benannte Klasse insgesamt vier Schiffe umfasste.

Die Antriebsanlage bestand aus 15 Marinekesseln zu je 17atü mit 28 Feuerungen, die eine Heizfläche von insgesamt 5070 m² besaßen. Der Kreuzer war ein Vierschraubenschiff. Zwei Turbinensätzen „System Zoelly" wirkten auf zwei dreiflügelige Schrauben von 2,55m Durchmesser und zwei weitere Turbinensätze trieben dreiflügelige Schrauben von 1,78m Durchmesser an. Mit dieser Anlage, wurden bei einer Leistung von 29.036 PS an den Wellen eine Höchstgeschwindigkeit von 25 bis 27Kn erreicht. Die Turbinensätze waren paarweise nebeneinander in zwei hintereinander liegenden Maschinenräumen aufgestellt. Die ursprünglichen Zoelly-Turbinen erwiesen sich indes als nicht brauchbar und wurden noch vor Beginn der Probefahrten durch bereits in anderen Schiffen bewährte Turbinen der Germania-Werft ersetzt. Der Kohlevorrat betrug etwa 400to, doch konnten insgesamt bis zu 900to, nach anderen Angaben bis zu 960to gebunkert werden. Hinzu kam ein Ölvorrat von 115to.

Cöln begann erst zum Jahresende 1910 mit der Erprobung, doch verschleppte sich die Aufnahme der Probefahrten wegen des Turbinenproblems bis in den Sommer des Jahres 1911. Die Erprobungen zeigten gute Ergebnisse – das NAUTICUS-Jahrbuch 1912 meldete eine Geschwindigkeit von 26,8kn bei 507,5 Schrauben-U/Min und eine Gesamtleistung von 29036 WPS – so dass das Schiff in den aktiven Dienst übernommen werden konnte. Die Einsatzverdrängung war nun auf 4915ts gestiegen. Insgesamt galten die Schiffe dieser Klasse und speziell die Cöln als gute Seeschiffe. Erich Gröner beschreibt sie in seinem Standardwerk über die Deutschen Kriegsschiffe als „zwar steif und stark

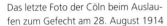

Das letzte Foto der Cöln beim Auslaufen zum Gefecht am 28. August 1914

Konteradmiral Leberecht Maaß, der als I. Führer der Torpedostreitkräfte und 2.Admiral der Aufklärungsschiffe mit seinem Flaggschiff Cöln am 28. August 1914 unterging

Die Reste eines Kutters trieben Anfang September 1914 auf der Insel Norderney an. Das Kutterwrack der Cöln befindet sich nunmehr in der Gedenkstätte in der Kölner Eigelstein Torburg

schlingernd, bei Seegang aber mit angenehmen Bewegungen". Die Manövrierbarkeit soll nicht besonders gut gewesen sein, das Schiff „drehte schlecht und driftete stark ab". Gegenüber den Schwesterschiffen gab es einen kleinen konstruktiven Unterschied: Die untere Brücke der Cöln reichte bis etwa 4m hinter den Fockmast und trug das Kartenhaus. Das Kompasspodest war einfüßig ausgeführt, die Bootsdavits schließlich aus gewalzten Doppel-U-Profilen hergestellt. Als Beiboote wurden ein großes Dampfboot, ein Chefboot, eine Ruderbarkasse, zwei Ruderpinassen und zwei Ruderkutter mitgeführt.

Schon gleich nach der Indienststellung nahm die Cöln an einer ersten Auslandsreise teil, die das Schiff im Rahmen der Herbstreise der Flotte nach Norwegen in den Hafen von Udevalla führte. Im folgenden Jahr lief sie anlässlich einer Ostseereise ihres Verbandes den schwedischen Hafen Malmö an und wiederum ein Jahr später – 1913 – nahm sie noch einmal an der Sommerreise der Flotte nach Norwegen teil. Ursprünglich sollte das Schiff nach seiner Indienststellung den kleinen geschützten Kreuzer Berlin in der Gruppe der kleinen Kreuzer bei den Aufklärungsschiffen ersetzen. Ende 1911 wurde diese Planung geändert und die Cöln als Ersatz für die Lübeck geplant, den ersten Turbinenkreuzer der Kaiserlichen Marine. Ab Sommer 1912 wurde das Schiff daher in der Auflistung der Kreuzer im Verband der Aufklärungsschiffe zunächst an fünfter Stelle, ab Herbst 1914 als zweites Flaggschiff der Kreuzergruppe geführt. Vorübergehend taten die Cöln und ihr Schwesterschiff die Mainz im April 1913 auch Dienst im Lehrgeschwader, wo es um Erprobungen der Torpedowaffe ging. Für hervorragende Leistungen im Schießen mit Schiffsartillerie wurde dem Kreuzer in diesem Jahr der Kaiserpreis zugesprochen.

1914 wurde die Cöln Flaggschiff des 2. Admirals der Aufklärungsschiffe, Konteradmiral Leberecht Maaß. Als äußeres Zeichen dieser Position trug das Schiff in den noch friedlichen Zeiten bis August 1914 einen roten Ring an den drei Schornsteinen. Im Sommer 1914 nahm die Cöln noch an der Kieler Woche teil.

Bei Ausbruch des ersten Weltkrieges am 2. August 1914, zunächst zwischen Deutschland und Frankreich, später dann auch mit England und Russland, lag der kleine Kreuzer wieder als Flaggschiff des zweiten Admirals der Aufklärungsstreitkräfte in Wilhelmshaven. Zweiter Admiral war immer noch Konteradmiral Leberecht Maaß, der zugleich auch Führer der Torpedoboote war. In den ersten Kriegswochen unternahm die Cöln von ihrem Liegeplatz Schillig-Reede gelegentliche kurze Fahrten in die nähere Deutsche Bucht, ohne dabei Feindberührung zu haben. Am 20. August war das Schiff Teil eines Verbandes, der einen Nachtvorstoß bis südlich Helgoland unternahm. Die Meldung feindlicher Unterseeboote westlich Helgoland veranlasste Konteradmiral Maaß zum Abbruch des Unternehmens, um seine Schiffe nicht zu gefährden.

Das Schicksal des Kleinen Kreuzers erfüllte sich am 28. August 1914. Seit einiger Zeit war bereits bekannt, dass die britischen Seestreitkräfte einen Angriff gegen die Deutsche Bucht planten, doch gab es keine

S. M. Kleiner Kreuzer Cöln

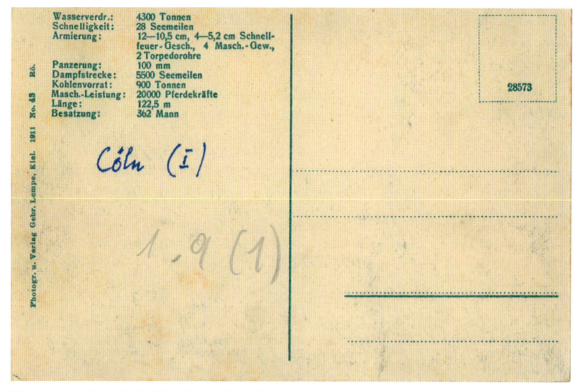

Wasserverdr.:	4300 Tonnen
Schnelligkeit:	28 Seemeilen
Armierung:	12—10,5 cm, 4—5,2 cm Schnellfeuer-Gesch., 4 Masch.-Gew., 2 Torpedorohre
Panzerung:	100 mm
Dampfstrecke:	5500 Seemeilen
Kohlenvorrat:	900 Tonnen
Masch.-Leistung:	20000 Pferdekräfte
Länge:	122,5 m
Besatzung:	362 Mann

Bö.

No. 43

Photogr. u. Verlag Gebr. Lempe, Kiel. 1911

28573

Cöln (I)

1.9 (1)

Zeitgenössische Postkarte, die den Kleinen Kreuzer Cöln in Kiel zeigt detaillierten Informationen über Art und Zahl der einzusetzenden Schiffe. Die Cöln lag an diesem Tag zur Kohlenübernahme in Wilhelmshaven, als die Meldung einging, dass die im Vorpostendienst stehenden beiden kleinen geschützten Kreuzer Stettin und Frauenlob sich bereits im Gefecht mit britischen Flotteneinheiten befanden. Um 9.30 Uhr verließ die Cöln mit dem lapidaren Funkspruch „Cöln kommt!" den Stützpunkt, um den bedrängten Schiffen zu Hilfe zu kommen. Die in Bereitschaft liegenden Schlachtkreuzer konnten wegen des zu dieser Zeit noch niedrigen Wasserstandes die Barre der Außenjade nicht passieren, so dass der Kleine Kreuzer weitgehend auf sich allein gestellt war. Ein Auslaufen der Schlachtkreuzer wäre erst nach 1.00 Uhr möglich gewesen. Zu dieser Zeit war die Cöln aber bereits gesunken. Nach dem Auslaufen aus der Jade folgte das Schiff zunächst dem Kurs der vorauslaufenden Straßburg, ohne diese bei unsichtigem Wetter in Sicht zu haben. Als die Straßburg um 11.55 Uhr in ein erstes Gefecht mit englischen Zerstörern geriet, war dies auf der Cöln lediglich akustisch wahrnehmbar. Der Abstand zwischen beiden Schiffen verringerte sich auch aufgrund eines von der Straßburg beschriebenen Kreises auf wenige Seemeilen, ohne dass eine Sichtung möglich war. Die Cöln stand schließlich nur noch etwa 7 Seemeilen hinter der Straßburg und fuhr bis etwa 12.50 Uhr hinter dem mehrfach in Gefechte mit englischen Zerstörern verwickelten Kreuzer her. 20 Seemeilen weiter westlich stand auf gleicher Höhe der Kleine geschützte Kreuzer Mainz, der mit der Cöln Funkkontakt hatte. Auf der Cöln ging man bei dieser Lage wohl davon aus, den von den drei deutschen Kreuzern umstellten Gegner vernichten zu können, zumal es bislang nur zur Feindberührung mit Zerstörern gekommen und die tatsächliche Stärke des Gegners unbekannt war.

Um 12.50 befand sich die Cöln noch ca. 5-6 Seemeilen von der Straßburg entfernt, als die Mainz, die sich seit etwa 15 Minuten im Gefecht mit Zerstörern befand, erstmals feindliche Kreuzer sichtete und per Funkspruch an die Cöln meldete. Diese änderte den Kurs auf Westsüdwest, um der Mainz zu Hilfe zu kommen. Etwa 20 Minuten später sichtete die Cöln backbord voraus den mit geringer Geschwindigkeit abziehenden englischen Kreuzer Arethusa und seine Torpedoboote und versuchte, diesen den Weg nach Westen zu verlegen. Um 1.30 Uhr meldete der Kreuzer mit Funkspruch, dass er sich im Gefecht befindet. Dieser Funkspruch riss plötzlich und ohne die wichtige Standortmeldung des Schiffes ab. Er war zugleich das letzte Lebenszeichen des Kreuzers.

Aus den britischen Berichten wird der weitere Verlauf des Gefechts deutlich. Am Morgen des 28. Augusts standen fünf englische Schlachtkreuzer – Lion, Prinzess Royal, Queen Mary, Invincible und New Zealand – unter dem Kommando von Vizeadmiral Beatty etwa 30 Seemeilen nördlich der Ems in Aufnahmestellung. Etwa gegen 12.30 Uhr stieß dieser Verband nach Osten vor, um den deutschen Kreuzer von Helgoland abzuschneiden. Die an Verdrängung, Bewaffnung, Panzerung und Geschwindigkeit weit überlegenen britischen Schiffe eröffneten um 1.37 Uhr das Feuer auf die Cöln, die kehrtgemacht hatte und nach Helgoland zu flüchten versuchte. Die überlegene Geschwindigkeit der Verfolger veranlasste den Kommandanten der Cöln, um 1.42 Uhr den Kurs auf Nordwest zu ändern in der Hoffnung, dadurch entkommen zu können. Hinzu kam, dass um 1.56 Uhr ein weiterer deutscher Kreuzer, Ariadne, dem britischen Verband in den Weg lief, allerdings schnell durch zwei Salven von Lion in Brand geschossen wurde und dann brennend und in anscheinend sinkendem Zustand im Nebel verschwand. Der britische Befehlshaber brach schließlich die Verfolgung von Ariadne ab, um einem Feld schwimmender Minen auszuweichen, das ein Zerstörer weiter im Osten gemeldet hatte. Vermutlich handelte es sich bei diesem „Minenfeld" nur um treibende Munitionsbuchsen zur Unterbringung von Kartuschen, wie sie auf deutschen Schiffen verwendet wurden. Schwimmende Minen wurden während des ersten Weltkrieges von den deutschen Seestreitkräften nicht eingesetzt.

Ein weiterer Vorstoß nach Osten war damit nicht geraten; auch war es an der Zeit, die britischen Einsatzkräfte zu sammeln und wieder zurückzuführen. Vorher wollte der britische Befehlshaber aber noch den zuerst beschossenen Kreuzer verfolgen und endgültig ausschalten. Die Schlachtkreuzer schwenkten

Kleiner Kreuzer Cöln im Nord-Ostssee-Kanal, damals Kaiser Wilhelm-Kanal, nach dem Passieren der Eisenbahnbrücke bei Rendsburg

daher in weitem Bogen nach Backbord auf Gegenkurs und nahmen die Verfolgung der bereits schwer getroffenen Cöln auf, die mit geringer Geschwindigkeit mit südöstlichem Kurs hinter dem Feind im Nebel zu entkommen versuchte. Der Bericht des britischen Admirals hebt hervor, dass auf der Cöln beim folgenden Aufeinandertreffen noch immer die Flagge wehte.

Die plötzliche Kehrtwende des britischen Geschwaders kam für die Cöln unerwartet und überraschend. Zwei aus nächster Nähe gefeuerte Salven der vorderen Geschütztürme des britischen Flaggschiffs genügten, um die Cöln nunmehr endgültig auszuschalten und das Schiff gegen 2.35 Uhr am Nachmittag zum Sinken zu bringen. Der größte Teil der Besatzung war bereits gefallen, darunter als erster deutscher Admiral auch Konteradmiral Leberecht Maaß. Während die Cöln unter Beobachtung des britischen Geschwaders sank, konnte der Kreuzer Straßburg am Rande der Sichtgrenze nur vier Meilen entfernt den Schauplatz passieren und glücklich entkommen.

Gegen die überlegene Feuerkraft der fünf britischen Schlachtkreuzer – das Flaggschiff Lion führte als Hauptbewaffnung acht 34,3 cm-Geschütze sowie sechzehn 10,2cm-Geschütze – hatte die weitgehend ungeschützte Cöln mit ihren zwölf 10,5cm-Geschützen, die die Panzerung des mit 30.000t Verdrängung sechsmal größeren Gegners nicht durchschlagen konnten, nicht die geringste Chance. Auch eine stärkere Bewaffnung der Kleinen Kreuzer mit 15cm-Geschützen, die zu dieser Zeit und auch nach dem Verlust der Cöln wieder gefordert wurde, hätte daran nichts geändert, da auch das größere Kaliber nicht stark genug gewesen wäre.

Von der Besatzung des Schiffes überlebten wohl etwa 200 den Untergang, die sich mit wenigen Rettungsmitteln und Treibgut über Wasser halten mussten. Die fehlende Positionsmeldung im letzten Funkspruch, dichter Nebel und schlechte Sicht sorgten dafür, dass die zur Rettung herbeieilenden Schiffe zunächst in einem anderen Seegebiet suchten. So dauerte es 76 lange Stunden, bis die letzte Position

Der einzige Überlebende einer
Besatzung von 507 Mann war der
Oberheizer Adolf Neumann aus Köln

Ehrentafel für die 506 Toten der Cöln von 1932.
Sie stehen für die 34.833 auf See gebliebenen
Angehörigen der Kaiserlichen Marine

der Cöln und damit auch ihr letzter Überlebender gefunden war. Nur ein Mann, der Oberheizer Adolf Neumann aus Köln, überlebte als einziger von 507 Mann an Bord den Untergang und die langen 76 Stunden bis zu seiner Rettung!

In der damaligen Presse und in den Berichten der Beteiligten gibt es deutliche Unterschiede in der Darstellung der Ereignisse. Fest steht, dass das britische Geschwader keine Anstrengungen unternahm, etwaige Überlebende der Cöln zu retten. Dies wurde im britischen Bericht damit begründet, dass man ein deutsches U-Boot in der Nähe gesehen habe und daher zum eigenen Schutz ablaufen musste. Allerdings befanden sich zur Zeit des Gefechts keine deutschen U-Boote auf dem Gefechtsfeld.

Der einzige Überlebende der Cöln, Oberheizer Neumann, vermutet in seinem Bericht, dass das Schiff wohl von dem vermutlich an Bord zurückgebliebenen Stabsingenieur gesprengt worden sein könne, um es nicht in die Hand des Gegners fallen zu lassen. Neumann schreibt dazu :

„Als wir etwa 300 m abgetrieben waren, stiegen plötzlich vorn und achtern im Schiff unter schweren Detonationen gewaltige Rauch- und Feuersäulen zum Himmel! Eisenteile und Splitter fielen in weitem Umkreise herab. Das war wohl das Werk unseres an Bord zurückgebliebenen Stabsingenieurs, der unter Einsatz seines Lebens das Schiff gesprengt haben wird, um es nicht in die Hand des Feindes fallen zu lassen. Das Schiff wurde buchstäblich aus dem Wasser gehoben; dann sank unsere Cöln schnell in die Tiefe und mit ihr die toten Helden. Die Flagge hatte bis zuletzt geweht. Eine träge Rauchwolke stand lange Zeit gleich einem Denkmal über der Untergangsstelle."

In der gesamten Auseinandersetzung wurden außer der Cöln auch die kleinen Kreuzer Mainz und Ariadne sowie das Torpedoboot V 187 versenkt, die gegen die an Zahl, Größe, Feuerkraft und Geschwindigkeit weit überlegenen britischen Schlachtkreuzer keine Chance hatten. Ein Teil der Besatzungen der anderen Schiffe konnte gerettet werden. So gerieten von der Besatzung der Mainz 348 Mann in Gefangenschaft. Insgesamt betrugen die Verluste dieser Auseinandersetzung auf allen beteiligten deutschen Schiffen 712 Gefallene sowie 149 Verwundete; 381 Mann kamen in Gefangenschaft.

Von der Cöln blieb außer der Erinnerung nur der weitgehend zerstörte Rest eines Kutters, der Anfang September 1914 auf Norderney angetrieben wurde. Das Wrack wurde geborgen, vom damaligen Inselkommandanten angekauft und der Stadt Köln geschenkt, die es zunächst im Hof des Neuen Rathauses aufstellte. Einen endgültigen Platz fand der Kutter dann in der alten Eigelsteintorburg, wo er in der Conche aufgehängt wurde. Die Gedenkstätte, an der auch heute noch der gefallenen Besatzung des Kleinen Kreuzers Cöln gedacht wird, wurde im Herbst 2008 durch die Mitglieder des „Freundeskreises Fregatte Köln e.V." umfassend in Stand gesetzt, das Kutterwrack gereinigt und restauriert.

Kleiner Kreuzer Cöln schwarzqualmend, zeitgenössische Postkarte von 1918

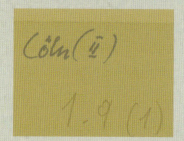

Der zweite Kleine Kreuzer Cöln (1916 – 1919) Der zweite Kleine Kreuzer mit Namen Cöln – immer noch in der Schreibweise mit C – war ein Kriegsneubau des Ersten Weltkrieges. Das Schiff wurde im April 1915 als Ersatz für den veralteten Kleinen Kreuzer Ariadne bei Blohm & Voss in Hamburg in Auftrag gegeben. Die Kiellegung erfolgte am 12. August 1915 und über ein Jahr später erfolgte im Oktober 1915 der Stapellauf. Aufgrund des Krieges und damit verbundener Geheimhaltungsmaßnahmen erfolgten Stapellauf und Taufe im Stillen und ohne große offizielle Feier. Die Konstruktion war ein Amtsentwurf auf der Grundlage der nur geringfügig veränderten vorhergehenden Baureihe der Kleinen Kreuzer des Typs Königsberg (II) von 1914.

Gegenüber dem Vorgänger war die Verdrängung bereits deutlich auf rund 5600ts gesteigert worden und erreichte bei voller Ausrüstung eine Einsatzverdrängung von 7486ts. Das Schiff war in der Konstruktionswasserlinie 149,85m (155,5m über Alles.) lang und die größte Breite betrug 14,20m bei einem maximalen Tiefgang von 6,43m. Die Maschinenanlage war gegenüber dem Vorgänger deutlich moderner: 8 Kohle- und 6 Ölkessel mit 5700m² Heizfläche lieferten den Dampf für zwei Turbinen, die auf zwei Wellen wirkten und zwei dreiflügelige Schrauben von 3,50m Durchmesser antrieben. Mit dieser Anlage von 48708 PS an den Wellen wurde eine Geschwindigkeit von bis zu 29,3Kn erreicht. Auch der Brennstoffvorrat war deutlich gesteigert worden und zeigt die Veränderung zum Ölbrenner: Neben einem Gesamtkohlenvorrat von 1100t wurden auch bis 1050t Gesamtölvorrat an Bord genommen.

Der 1918 in Dienst gestellte Kleine Kreuzer Cöln, war das zweite Schiff dieses Namens

Während Cöln (I) mit ihren 10,5cm-Geschützen noch relativ leicht bewaffnet war, trug der neue Kreuzer nun eine auch der Kriegsentwicklung gerecht werdende Bewaffnung mit acht 15cm-Schnellladegeschützen mit einer Rohrlänge von L/45 = 6,85m sowie auch drei 8,8cm-Flieger-abwehrgeschützen. Damit wurde dem neuen Kriegsmittel Flugzeug Rechnung getragen, das sich immer mehr auch zu einer Bedrohung für Schiffe entwickelte. Hinzu kamen schließlich noch vier Torpedorohre. Alle Geschütze waren in Einzellafetten so auf dem Deck aufgestellt, dass nach jeder Bordseite fünf 15cm-Geschütze und nach vorn und achtern je vier Geschütze einsatzbereit waren.

Aufgrund der Kriegslage, Materialknappheit und zunehmenden Problemen bei der Beschaffung von Rohstoffen infolge der britischen Seeblockade zog sich die Bauzeit des Kreuzers über zweieinhalb Jahre hin, so dass das Schiff erst im Januar 1918 in Dienst gestellt werden konnte. Erster Kommandant, der das Schiff auch in Dienst stellte, war der damalige Fregattenkapitän Erich Raeder, der später bis zum Großadmiral und Oberbefehlshaber der Kriegsmarine aufstieg. Raeder, der zuvor fünf Jahre als erster Admiralstabsoffizier und Chef des Stabes der Aufklärungsschiffe unter Admiral von Hipper gedient hatte, führte das Schiff nur für einen kurzen Zeitraum von Januar bis Oktober 1918. Diese Zeit war vorwiegend mit der Indienststellung von Cöln (II), Probe- und Abnahmefahrten und der Ausbildung der Besatzung gefüllt. Später folgte normaler, wenngleich anstrengender Kreuzerdienst u.a. mit dem Legen von Minensperren, Geleit- und Rettungsoperationen und ähnlichem. Raeder schreibt dazu in seinen Erinnerungen, das er diese eher eintönige Dienstzeit dazu nutzte, auf der Brücke Schillers Werke noch einmal zu lesen. Am 11. Oktober übernahm bis zur Internierung in Scapa Flow Fregattenkapitän Kaulhausen das Kommando.

Anfang Oktober erlitt das Schiff einen Schraubenschaden und ging bis Monatsende zur Reparatur in die Werft, um dann wieder zur II. Aufklärungsgruppe zu stoßen.

Am 9. November 1918 meuterten die Matrosen der kaiserlichen Marine, indem sie sich einem letzten großen Einsatz der Hochseeflotte gegen vermeintlich herannahende britische Streitkräfte verweigerten. Nur die beiden Kreuzer Cöln und Graudenz sowie einige Torpedoboote liefen aus, weil ihre Besatzungen sich dem Aufstand nicht angeschlossen hatten. Cöln kehrte am 12. November 1918 nach Wilhelmshaven zurück, um eine Woche später – jetzt unter dem Kommando von Kapitänleutnant Johann Heinemann – zur Internierung nach Scapa Flow zu laufen, das sie am 22. November erreichte. Dort lag das Schiff bis zum 21. Juni 1919, als es von seiner Besatzung gemäß dem Versenkungsbefehl des Konteradmirals von Reuter selbst versenkt wurde. Um 13.50 Uhr versank der Kleine Kreuzer für immer in den Fluten. Während in den Jahren 1924-1939 insgesamt 38 der versenkten Schiffe des Internierungsverbandes gehoben und verschrottet wurden, lag Cöln in zu großer Tiefe, um wirtschaftlich lohnend geborgen werden zu können.

„Zweimal Kreuzer Köln" lautete die Bildunterschrift dieser Postkarte, die den Leichten Kreuzer Köln in den dreißiger Jahren in Wilhelmshaven bei absoluter Windstille zeigt

Der Leichte Kreuzer Köln (III) Das Ende des Ersten Weltkrieges hatte mit der Selbstversenkung der deutschen Flotte in Scapa Flow den Verlust fast aller modernen größeren Einheiten der Marine mit sich gebracht. Die wenigen verbliebenen, zeitgemäßen Ansprüchen genügenden Kreuzer mussten abgeliefert werden. Der Marine blieben lediglich völlig veraltete, zum Teil bereits außer Dienst gestellte Einheiten, von denen einige schon 1898 (Nymphe) bzw. 1899 (Thetis, Amazone) gebaut worden waren. Diese Einheiten blieben zum Teil bis zur Mitte der 20er Jahre im Dienst und führten teils ausgedehnte Auslandsreisen zu Ausbildungszwecken durch. An Neubauten war zunächst nicht zu denken. Die Bedingungen des Versailler Vertrages schränkten durch die zahlenmäßige Begrenzung der Flotte und durch Verdrängungsvorgaben die Neubeschaffung stark ein. Hinzu kamen die finanziellen Schwierigkeiten, aber auch die inneren Probleme der Weimarer Republik, die im Verlauf des Kapp-Putsches 1920 sogar den Gedanken an eine Auflösung der Marine aufkommen ließen. Erst 1921 konnte der Reichstag mit der Emden wieder einen neuen Leichten Kreuzer bewilligen, der aber erst 1925 gebaut und ein Jahr später in Dienst gestellt werden konnte.

Der dritte Kreuzer Köln folgte erst einige Jahre später. Am 23. Mai 1928 lief das Schiff bei der Reichsmarinewerft vom Stapel und wurde am 15. Januar 1930 in Dienst gestellt. Mit diesem und den anderen neugebauten leichten Kreuzer beschritt die Marine neue Wege in der Schiffskonstruktion. In den Jahren 1925-26 wurden die neuen Leichten Kreuzer B, C und D geplant und in Auftrag gegeben. Sie erhielten später die schon traditionellen Städtenamen Königsberg (3), Karlsruhe (3) und Köln (3). Es waren moderne Konstruktionen, die technisch auf der Höhe ihrer Zeit waren. Der Rumpf wurde überwiegend geschweißt statt genietet. Der Antrieb durch Turbinen von 68.000 PS Leistung an den Wellen wurde durch zwei Dieselmotoren mit einer Leistung von jeweils 900 PS ergänzt, mit denen, ohne die Turbinenanlage, Energie sparend eine Marschfahrt von 18 Kn gelaufen werden konnte. Auch in der Bewaffnung gab es mit drei Drillingstürmen mit 15cm-Geschützen (Schnellfeuerkanonen 15 L/60) eine deutliche Steigerung. Hinzu kamen 12 Torpedorohre in je zwei Drillingsrohrsätzen an beiden Seiten. Diese Änderungen wurden bei den anschließend 1929 bzw. 1934 vom Stapel gelaufenen Leichten Kreuzern Leipzig und Nürnberg im Wesentlichen beibehalten. Die Luftabwehrbewaffnung wurde im Vergleich deutlich verstärkt, allerdings auch häufig in der Zusammensetzung und Aufstellung verändert. Vor allem während des Zweiten Weltkrieges erfolgte aufgrund der starken Luftbedrohung eine deutliche Verstärkung der Luftabwehrwaffen, während einer der Torpedorohrsätze 1940 ausgebaut wurde.

Köln als drittes Schiff der auch so genannten K-Klasse (Königsberg, Karlsruhe, Köln) wurde unter der Etat-Bezeichnung Kreuzer D = Ersatz Arcona als Ersatz für den Kleinen Kreuzer Arcona von 1901 in Auftrag gegeben. Arcona hatte als zu dieser Zeit schon völlig veraltetes Schiff noch von 1919 bis 1923 in der Reichsmarine gedient. Der Kiel für Köln wurde am 7. August 1926 auf der Helling 2 der Reichsmarinewerft Wilhelmshaven unter der Bau-Nummer 116 gestreckt. Mit einer Verdrängung von 6.000ts schöpfte der Neubau die im Versailler Vertrag zugestandene Verdrängung bereits voll aus. Voll ausgerüstet und beladen verdrängte das Schiff allerdings 7.700ts, lag damit also weit über den Beschränkungen des Vertrages. Um bei der vorgegebenen Größe eine möglichst hohe Kampfkraft zu erreichen, wurden die Materialstärken teils sehr knapp bemessen. Dies führte – weniger bei der Köln als bei ihrem Schwesterschiff Karlsruhe – allerdings unter Überbeanspruchung durch schweren Seegang usw. teils zu Materialbrüchen und -rissen im Schiffsmittelteil.

Dein Name soll " K ö l n " sein !

Du sollst auf Anordnung unseres hochverehrten Reichs-
präsidenten diesen Namen tragen zu Ehren des heiligen Köln's,
zur Erinnerung an die alte Stadt.

Wie sie jetzt 2 Jahrtausende hindurch den Wogen und
Wettern der Zeit trotzt, so sollst du trotzen den Wogen und
Winden; wie sie deutsches Wesen und deutsche Art treu schirmt
und hütet am Rheinstrom, so sollst du schirmen und hüten die
deutsche Heimat und die deutsche Ehr' auf den Wassern des
Meeres.-

Den Namen"Köln" sollst du tragen auch zur Erinnerung an

2

ein anderes Schiff, das diesen Namen trug, zur Erinnerung an
das Schiff, das nach tapferstem, erbittertstem, auch vom damaligen Feinde bewundertem Kampfe gegen eine überwältigende
Uebermacht von seinem heldenmütigen Führer und seiner tapfe-
ren Besetzung in die Fluten des Meeres versenkt wurde. Sei
tapfer und treu unserer Flagge, wie jene Helden!

Gott schütze dich !

Originalmanuskript der Taufrede des Kölner Oberbürgermeisters Konrad Adenauer

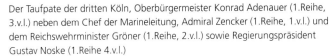

Der Taufpate der dritten Köln, Oberbürgermeister Konrad Adenauer (1.Reihe, 3.v.l.) neben dem Chef der Marineleitung, Admiral Zencker (1.Reihe, 1.v.l.) und dem Reichswehrminister Gröner (1.Reihe, 2.v.l.) sowie Regierungspräsident Gustav Noske (1.Reihe 4.v.l.)

Der Leichte Kreuzer Köln unmittelbar bei Beginn des Ablaufens vom Stapel am 23. Mai 1928 in Wilhelmshaven

Mit einer Länge von 174m, einer Breite von 15,20m und einem Tiefgang von 6,28m waren die Köln (III) und ihre Schwesterschiffe zwar deutlich größer als die Kleinen Kreuzer des Ersten Weltkrieges, galten aber dennoch nur als mäßig gute Seeschiffe.

Das Schiff wurde durch Teilpanzerungen besonders empfindlicher Bereiche besonders vor Waffeneinwirkung geschützt. Zu den gepanzerten Bereichen gehörten das Deck sowie ein schmaler Panzergürtel in der Konstruktionswasserlinie, ferner der Kommandoturm und die drei Drillings-geschütztürme. Zur Verwendung kam der bewährte Krupp-Stahl in unterschiedlicher Stärke von 20 bis 70mm. Mit vier Sätzen Marine-Turbinen und zwei MAN Zehn-Zylinder-Viertakt-Dieselmotoren erreichte das Schiff bei einer Gesamtleistung von 68.485 WPS eine Geschwindigkeit von 32,5kn. Statt der bei den alten Schiffen wie z.B. Cöln (II) noch vorhandenen Kohlebefeuerung – die leichten britischen Kreu-zer des ersten Weltkrieges fuhren bereits nur mit Ölfeuerung – wurde jetzt auch bei Köln (III) der Dampf für die Turbinen ausschließlich über sechs ölgeheizte Marine-Doppelender-Ölkessel erzeugt.

Die Besatzung des Schiffes erfuhr eine deutliche Vergrößerung. Als Friedensbesatzung waren 21 Offiziere und 493 Unteroffiziere vorgesehen, doch wuchs die Stärke gegen Ende des Zweiten Weltkrieges auf bis zu 850 Mann an.

Der Leichte Kreuzer Köln lief am 23. Mai 1928 in Wilhelmshaven vom Stapel. Die Taufrede hielt der da-malige Kölner Oberbürgermeister Dr. Konrad Adenauer, den eigentlichen Taufakt vollzog dann die Witwe des im Seegefecht bei Helgoland 1914 gefallenen Kommandanten der ersten Cöln, Frau Meidinger. An der Taufe nahm auch das letzte überlebende Besatzungsmitglied der Cöln (I), der Oberheizer Adolf Neumann teil.

Am 15. Januar 1930 wurde die Köln in Wilhelmshaven offiziell durch den bisherigen Kom-mandanten des alten Kleinen Kreuzers Amazone, Fregattenkapitän von Schroeder in Dienst gestellt. Auch die Besatzung der 1899 gebauten, 1919 reaktivierten und nunmehr außer Dienst ge-stellten Amazone stieg auf das neue Schiff über. Bis zum Sommer des Jahres erfolgten Probefahrten und die Ausbildung der Besatzung. Damit verbunden wurden verschiedene Seereisen nach Königsberg, Danzig und Bremerhaven unternommen. Nach Ende der Einfahrzeit konnte der Leichte Kreuzer schon im Sommer dem Verband der Aufklärungsstreitkräfte zugeteilt werden und unternahm vom 29. August bis 1. September 1930 den ersten, noch von einer friedlichen und fröhlichen Atmo-sphäre geprägten Auslandsbesuch in Kopenhagen. Nach einem kurzen Werftaufenthalt Anfang Oktober wurde das Schiff dem Artillerie-Versuchskommando unterstellt und führte unter dieser Regie eine erste größere Atlantikreise durch, während der das Verhalten des Schiffes unter ozeanischen Ver-hältnissen überprüft wurde. Die Fahrt dauerte vom 27.10. bis 5.12.1930 und führte nach Las Palmas, St. Vincent, Santa Cruz de Teneriffa und Vigo. Nach dem erfolgreichen Abschluss dieser ersten größeren Seereise wurde die Köln wieder den Aufklärungsstreitkräften zugeteilt und nahm nunmehr

Auf ihrer großen Ausbildungsreise besuchte Köln im Sommer 1933 auch Sydney in Australien

am normalen Dienstprogramm mit verschiedenen Verbandsübungen teil. Ein besonderes Ereignis war dabei sicherlich die Teilnahme an der großen Flottenparade am 20.Mai 1931 vor Reichspräsident von Hindenburg aus Anlass des Stapellaufs der Deutschland. Das Panzerschiff Deutschland war sozusagen der erste Schlachtschiffneubau der Reichsmarine. Aufgrund der Beschränkungen des Versailler Vertrages durfte dieses Schiff eine Standardverdrängung von 10.000ts nicht überschreiten und wurde von den Briten spöttisch als pocket-battleship, als Westentaschen-Schlachtschiff bezeichnet. Zweifellos war dieser von der Reichsmarine als Panzerschiff bezeichnete Schiffstyp aber durchaus ein aufsehenerregender Entwurf mit zahlreichen innovativen Lösungen.

Am 8. Dezember 1932 lief die Köln zu einer ersten großen Auslandsreise aus, die allerdings auch ihre letzte sein sollte, weil sich die welt- und sicherpolitischen Bedingungen in der folgenden Zeit veränderten. Bis dahin war es in der Reichsmarine üblich gewesen, die Seekadetten mit den Kreuzern auf Ausbildungs-Weltreise zu schicken. Die erste größere Auslandsreise hatte 1924 der Kleine Kreuzer Berlin durchgeführt. Danach folgten dann auch die anderen Kreuzer. Der Neubau Emden machte sogar von 1926-28 eine zweijährige Weltreise und trat im Jahr der Rückkehr auch gleich die nächste große Fahrt an. !930 folgte eine dritte und 1931 noch eine Ostasienfahrt. Das Schwesterschiff der Köln, die Karlsruhe, unternahm von 1930 bis 1936 fünf große Weltreisen, die längste davon in gut einem Jahr über 38.000 Seemeilen rund um die Welt. Die Reise endete gerade an dem Tag, an dem die Köln zu ihrer ersten wirklich großen Fahrt aufbrach, auf der sie insgesamt 37.000 Sm zurücklegte.
Der von Reichspräsident von Hindenburg ausgefertigte Reisebefehl formuliert den Auftrag: „Der Kreuzer Köln hat am 8. Dezember 1932 eine zwölfmonatige Reise in das Ausland anzutreten. Reiseweg: Spanien, Mittelmeer, Indien, Australien, Südsee, Japan, China, Indien, Mittelmeer, Spanien, Heimat." Die detaillierte Ausarbeitung der Reise oblag der Marineleitung und der Schiffsführung unter dem Kommando von Fregattenkapitän Schniewind, der später bis zum Admiral aufsteigen sollte.

Im spanischen Caraminal, dem ersten
Auslandshafen, feiert die Besatzung das
Weihnachtsfest nach deutschem Brauch

Der erste ausländische Hafen auf dieser Reise war das spanische Caramiñal, wo die Besatzung das Weihnachtsfest beging. Dann ging die Reise weiter nach Messina und Alexandria, wo der Kommandant vom ägyptischen König empfangen wurde. Nach Passieren des Suez-Kanals und des Roten Meeres folgten weitere Stationen im indischen Madras, Sabang und Batavia und dann der Sprung nach Australien, wo man Freemantle, Adelaide, St. Philippsbay, Melbourne, Hobart, Stormbay und schließlich Sydney anlief. Zwischenzeitlich waren in Deutschland die Nationalsozialisten an die Macht gekommen. Dies führte vor allem in den australischen Häfen zu Protesten. Von Australien führte der Weg des Schiffes weiter in die Südsee, wo zuerst Suwa und dann Rabaul und Guam angelaufen wurden, bevor man die Reise nach Kobe fortsetzte. In Kobe erfolgte im ehemaligen deutschen Dock von Tsingtau, das nach dem Friedensvertrag nach Japan ausgeliefert worden war, eine grundlegende Überholung der Außenanstriche. Von Kobe aus setzte das Schiff dann seine Reise fort nach Dairen, zur Schantung-Halbinsel und nach Tsingtau sowie nach einem mehrtägigen Aufenthalt dort weiter nach Peking, Shanghai, Makassar und Endeh. Die Rückreise führte dann über das niederländische Belawan nach Colombo, durch den Suezkanal mit einem kurzen Aufenthalt in Port Said und dann zu einem weiteren Aufenthalt in die Suda-Bucht auf Kreta. Von Kreta aus ging es nach einem zehntägigen Aufenthalt mit Ausbildung, Gefechtsbesichtigung und Erholung weiter über Piräus, Athen, Korfu undTarent über die Straße von Gibraltar in den Atlantik, wo als letzter Auslandshafen das spanische Vigo angelaufen wurde, bevor das Schiff nach einem letzten fünftägigen Atlantiktörn am 12. Dezember 1933 in Wilhelmshaven einlief.

Mit dem Ende der großen Reise endete für die Köln der Einsatz als Ausbildungskreuzer. Das Schiff wurde wieder dem Verband der Aufklärungsschiffe zugeteilt und unternahm verschiedene Ausbildungs- und Übungsfahrten. Noch einmal stand eine kleinere Auslandsreise an, als das Schiff im Juni 1934 gemeinsam mit dem Panzerschiff Deutschland an einer achtzehntägigen Übungsfahrt u.a. nach Madeira und Lissabon teilnahm.
Nach Ausbruch des spanischen Bürgerkrieges 1936 waren die deutschen Kriegsschiffe zusammen mit den der anderen europäischen Mächten zum Schutz ihrer Bürger vor der spanischen Küste stark engagiert. Von diesem Zeitpunkt an konnten von den Schiffen der Kriegsmarine keine großen Reisen mehr unternommen werden und der Ausbruch des Zweiten Weltkrieges unterband diese Möglichkeiten dann vollends.
Zum Jahresende ging der Leichte Kreuzer dann in die Marinewerft Wilhelmshaven und wurde dort mit einem Katapult und einem schweren Flugzeugkran für ein Bordflugzeug ausgestattet. Als neue Ausrüstung kam ein Doppeldecker Typ Heinkel He 60 an Bord, der später durch eine neuere Arado 196 ersetzt wurde. Die nachträgliche Ausstattung mit einem Bordflugzeug, das vor allem für Aufklärungszwecke gedacht war, bewährte sich indes nicht. Die Köln wurde durch die Einbauten stark topplastig, sodass Flugzeug, Katapult und Kran 1937 wieder von Bord genommen bzw. ausgebaut wurden.
Noch einmal kam ein Fluggerät an Bord: Der Kreuzer Köln war das erste aktive Kriegsschiff, auf dem Erprobungen mit einem Bordhubschrauber des Typ Flettner FL 282 Kolibri durchgeführt wurden. Der Hubschrauber FL 282 wurde von Anton Flettner konstruiert, der auch das „Flettner-Ruder" und das

Auf dem achteren Geschützturm der Schweren Artillerie der Köln wurde eine Holzplattform errichtet, auf der im Sommer 1941 Erprobungen der ersten in Deutschland entwickelten Hubschrauber, den Vorläufern der heutigen Bordhubschrauber, stattfanden. Das Bild zeigt die Borderprobung des „Fl 265", einem Drehflügler, der von Anton Flettner entwickelt worden war

Kreuzer Köln von einem   Köln im Seegang   Köln im Kieler Scheerhafen, dahinter
Schwesterschiff aus gesehen   das Panzerschiff ADMIRAL GRAF SPEE

„Flettner-Rotorschiff" entwickelte. Auf ihn geht auch die Entwicklung des ersten brauchbaren Rotor-antriebs für Hubschrauber zurück. Der FL 282 war wohl die erfolgreichste Hubschrauberentwicklung von Anton Flettner und wohl auch der beste Hubschrauber seiner Zeit. Die Entwicklungsarbeiten begannen vermutlich schon 1939 neben der damals bereits laufenden Erprobung eines anderen Modells, des FL 265 mit zwei ineinanderkämmenden Rotoren. Die Erprobungsergebnisse wurden direkt auch auf den FL 282 übertragen, der im August bereits im Fesselflug erprobt werden konnte und bis zum November d.J. rund 125 Flugstunden absolvierte. Der Kolibri wurde von einem 150 PS leistenden BMW-Bramo 7 Zylinder-Sternmotor angetrieben. Für die in den Jahren 1941-1942 durchgeführten Versuche wurde über dem 15cm-Drillingsturm „Bruno" eine etwa 10m² große Holzplattform gebaut, die der Maschine als Start- bzw. Landeplatz diente. Im Juni 1941 begannen die ersten Flugversuche im Seegebiet vor Travemünde. Der Luftwaffe war das Gerät wegen seiner geringen Geschwindigkeit ungeeignet erschienen. Die Marine erkannte indes den enormen Wert eines Hubschraubers für die Luftaufklärung von Schiffen aus, wenn-gleich diese aber nicht mehr zum Einsatz kamen.

1937 war Flettner auch an der Konstruktion des von Heinrich K.J. Focke gebauten Hubschraubers „Fw 61" beteiligt und verhalf damit der Hubschraubertechnologie zu einem ersten Durchbruch. Bekannt wurde das Modell, als die Pilotin Hanna Reitsch 1938 in der Berliner Deutschlandhalle diesen Hubschrauber öffentlich vorführte. Mit dem Hubschrauber Focke Fw 223 Drache wurde später sogar ein Weltrekord aufgestellt, als dieser eine Tonne Nutzlast in eine Höhe von 7100m brachte.

Der Ausbruch des spanischen Bürgerkrieges beendete die ruhige Zeit für die Köln. Zusammen mit anderen Einheiten der Flotte wurde sie in spanische Gewässer entsandt, um am Schutz der von den Auseinandersetzungen bedrohten ausländischen, insbesondere deutschen Staats-bürger mitzuwirken. Der erste Einsatz dauerte vom 27.7. bis 26.8.1936, ein weiterer von Anfang Oktober bis Anfang Dezember. Im folgenden Jahr, 1937, verlegte die Köln allein dreimal ins Mittelmeer und leistete zahlreichen Flüchtlingen an der spanischen Küste Hilfe. Dazwischen führte das Schiff eine Fischereischutzfahrt im Frühjahr 1937 durch und besuchte außerdem vom 27.05. bis 4.6.37 die lettische Hauptstadt Riga. Schließlich nahm der Leichte Kreuzer auch am Marsch des deutschen Flottenverbandes nach Memel teil, als dieses wieder Teil des Reichsgebietes wurde.

Mit dem Ausbruch des Zweiten Weltkrieges am 1. September 1939 begann auch für die Köln eine schwierige und gefährliche Zeit mit verschiedenen Einsätzen. Die Köln war bei Kriegsausbruch als Flottenkreuzer bei den Aufklärungsstreitkräften eingeteilt. Der Leichte Kreuzer war zunächst als Sicherungsschiff in Swinemünde stationiert, um die Ostpreußen-Verbindung zu schützen. Später erfolgte die Verlegung durch den Nord-Ostsee-Kanal (damals noch Kaiser-Wilhelm-Kanal) in die Nordsee, wo das Schiff an verschiedenen Unternehmungen und Vorstößen teilnahm. Mit dem Beginn der Operation Weserübung am 7. April 1940, d.h. der Besetzung der neutralen Staaten Dänemark und Norwegen,

Artillerieschießen der 15cm Türme vor 1939

Nach schweren Bombentreffern am 30. März 1945 sank die Köln auf den Grund des Hafenbeckens in Wilhelmshaven, die Drillingstürme feuerten aber noch einige Salven auf die von Varel anrückenden Engländer

Köln feuert eine Salve aus den achteren Drillingstürmen

Die achteren Drillingstürme waren versetzt angeordnet. Vorn links der optische Entfernungsmesser (Basisgerät)

Abfeuern eines Torpedos

kam auch die Köln erstmals in den scharfen Gefechtseinsatz. Als Flaggschiff des Befehlshabers der Aufklärungsverbände führte die Köln einen gemischten Verband nach Norwegen mit dem Auftrag, die Hafenstadt Bergen zu besetzen. Diesem Einsatzverband gehörten außer der Köln der Leichte Kreuzer Königsberg – ein Schiff des gleichen Typs – sowie das Artillerieschulschiff Bremse, das Begleitschiff Karl Peters und einige Torpedo- und Schnellboote an. Die Eroberung Bergens gegen starken Widerstand der norwegischen Verteidiger forderte auch auf der Köln die ersten Opfer unter der Besatzung. Nach der Rückkehr von Norwegen begann für den Kreuzer eine relativ ruhige Zeit. Nach einem Werftaufenthalt wurde das Schiff ab März 1941 der sogenannten Baltenflotte zugeteilt und unterstützte die Heeresverbände bei Landoperationen. Bis Oktober 1941 blieb die Köln in der Ostsee und kehrte dann bis Ende Februar 1942 nach Wilhelmshaven zurück. Im Juli wurde sie der Kampfgruppe Nordnorwegen zugeteilt und war bis Mitte Juli zunächst in Oslo, ab August dann als Ablösung des Schweren Kreuzers Lützow in Narvik stationiert, von wo sie im September d.J. in den Altafjord verlegte. An den Einsätzen gegen die alliierten Geleitzüge war die Köln dagegen nicht beteiligt.

Als Folge der – dann nur vorübergehenden – Außerdienststellung der schweren Kampfschiffe verlegte die Köln im Februar 1943 zusammen mit dem Schweren Kreuzer Admiral Hipper von Nordnorwegen nach Kiel, wurde aber am 1. April 1944 in Königsberg wieder in Dienst gestellt, nachdem sie nur mit einer Stammbesatzung an Bord dorthin geschleppt worden war. Nach der durch die Stilllegung erforderlich gewordenen Werftliegezeit und Neuausrüstung wurde das Schiff zunächst im Ausbildungsbetrieb und bei Anlage von Minensperren eingesetzt und fuhr schließlich noch im Geleitdienst zwischen Südnorwegen und Dänemark. Schwere Luftangriffe beschädigten den Leichten Kreuzer schließlich so stark, dass er im Januar 1945 zur Reparatur nach Wilhelmshaven verlegte. Aber auch hier war sie laufenden starken Luftangriffen ausgesetzt, bei denen sie schließlich am 30. März 1945 von fünf schweren Bomben getroffen wurde und auf ebenem Kiel sank. Lediglich die Aufbauten und die noch einsatzfähigen Geschütztürme ragten aus dem Wasser. Da die Bordstromerzeugung ausgefallen war, wurde das Schiff durch ein Notkabel mit dem Stromnetz der Werft verbunden und griff mit den Geschütztürmen noch in die Abwehrkämpfe ein, indem es die Engländer mit seinen 15cm Geschützen in Varel beschoss. Doch war das Ende nicht aufzuhalten. Kurz vor der Besetzung Wilhelmshavens durch britische Truppen wurde die Köln durch ihre Restbesatzung gesprengt, das Wrack 1946 endgültig abgebrochen. Damit hatte auch der dritte Kreuzer mit dem Namen Köln sein Ende gefunden.

ALS ERSTER DEUTSCHER FREGATTENNEUBAU LIEF DIE „KÖLN" AM 6.12.1958 AUF DER
STÜLCKENWERFT IN HAMBURG VON STAPEL. ZU DIESER KLASSE GEHÖREN NOCH FÜNF
WEITERE EINHEITEN DES 2. GELEITGESCHWADERS IN WILHELMSHAVEN.

Stapellauf des Geleitbootes Köln am 6.12.1958, vorn v.l.n.r.: Vizeadmiral Friedrich Ruge, Oberheizer a.D. Adolf Neumann, Oberbürgermeister von Köln, Dr. Theo Burauen

V.l.n.r.: Vizeadmiral Friedrich Ruge, Inspekteur der Marine, Frau Marlene Schwering, die Gattin des Oberbürgermeisters von Köln, als Taufpatin

Die Fregatte 120 Köln (IV) – der Neuanfang nach dem Zweiten Weltkrieg Die Gründung der Bundesrepublik Deutschland, der erfolgreiche Wiederaufbau des zerstörten Landes und seine Einbindung in das westliche Verteidigungsbündnis machten ab Mitte der 1950er Jahre auch den Wiederaufbau deutscher Streitkräfte und damit auch einer neuen Marine notwendig. Während die ersten Einheiten, die 1956 von der jungen Bundesmarine in Dienst gestellt wurden, noch weitgehend aus dem Beständen der Alliierten überlassen wurde, ging man schon bald dazu über, wieder eigene Schiffs- und Bootsentwürfe zu verwirklichen. Zu den ersten größeren Bauten, die auf deutschen Werften entstanden, gehörten auch die sechs Geleitboote vom Typ Geleitboot 55, die später nach ihrem Typschiff den Namen Köln-Klasse erhielten. Damit wurden erstmals nach einer elfjährigen Pause wieder relativ große Kampfschiffe in Deutschland entworfen und gebaut.

Federführend für den Entwurf war der Schiffbauer Siegfried Zetsche von der Hamburger Werft H.C. Stülken & Sohn. Am 21. Dezember 1957 wurde hier der Kiel für das Typschiff von insgesamt sechs Geleitbooten gelegt. Die Schiffe des Typs 120 Köln-Klasse eine Länge von 109,83m über alles (Konstruktionswasserlinie 105m), die Breite betrug 10,50m und der Tiefgang 4,61m. die Einsatzverdrängung betrug 2.696ts. Der Antrieb bestand aus einer gemischten Dieselmotoren- und Gasturbinen-Anlage (CODAG – Combined Diesel and Gasturbine) mit einer Gesamtleistung von 36.000 PS. Dies ermöglichte den Zweischraubenschiffen eine Geschwindigkeit von rund 30 Knoten. Während der in 13 wasserdichte Abteilungen unterteilte Rumpf aus Stahl gebaut wurde, bestanden die relativ hohen und kompakten Aufbauten zur Gewichtsersparnis aus Leichtmetall. Für die im Zeitalter der elektronischen Kampfführung immer wichtiger werdende Stromversorgung standen an Bord 8 Kraftwerke bereit.

Hauptaufgabe der Geleitboote, die später in Fregatten umbenannt wurden, war die Sicherung von Geleitzügen gegen Angriffe über Wasser durch Luft- und Seestreitkräfte und unter Wasser durch Uboote. Bewaffnung und Ausrüstung stellten daher einen Mix sehr unterschiedlicher Systeme dar. Entsprechend der Aufgabenstellung Geleitsicherung lag der Schwerpunkt der Bewaffnung in der Uboot-Abwehr. Dafür standen als Hauptbewaffnung zwei U-Boot-Abwehr-Raketenwerfer in Vierergruppe und zwei Wasserbombenablaufbühnen zur Verfügung. Für die Uboot-Ortung war im Bug ein ausfahrbarer Sonar-Dom installiert. Zusätzlich waren die Schiffe mit vier Unterwassertorpedorohren 53,3cm und zwei 10cm-Geschützen in Turmaufstellung vorn und achtern bewaffnet. Für die Luftabwehr verfügten sie außerdem über sechs 4cm-Luftabwehrgeschütze in zwei Einzel- und zwei Doppellafetten. Den Bedrohungen der modernen Zeit wurde außerdem durch einen vollen ABC-Schutz für das gesamte Schiff Rechnung getragen.

Das neue Geleitboot Köln wurde am 15. April 1961 mit einer Besatzung von 17 Offizieren und 193 Unteroffizieren und Mannschaften in Dienst gestellt. Bis zum Ende ihrer Dienstzeit 1982 gehörte sie dem 2. Geleitgeschwader an. Noch während der Erprobung führte das neue Schiff bereits vom 4. bis 12. Oktober 1961 die erste Auslandsausbildungsreise durch, die die Besatzung nach Oslo führte.

Das Geleitboot Köln im Nord-Ostseekanal unter der Levensauer Hochbrücke

Aufmarsch der Ehrenformation zur feierlichen Indienststellung am 15. April 1961

Ein Bootsmann des technischen Dienstes
im Fahrstand des Gleitbootes Köln

Nach ihrer Außerdienststellung als Kampfschiff dient
die vierte Köln nun als Ausbildungshulk für Brandab-
wehr- und Leckwehrübungen der Marine in Neustadt

Weitere Reisen unterschiedlicher Länge folgten, zumeist im Zusammenhang mit Flottenmanövern. 1962 fuhr Köln u.a. nach Funchal, Vigo und Bordeaux, 1963 gemeinsam mit den Schwesterschiffen Augsburg und Emden nach Brest, Toulon, Vigo und 1964 dann nach Haakonsvern, Bergen und Stavanger in Norwegen.

Ende März 1965 stand bereits die erste größere Werftinstandsetzung an, die rund zwei Jahre dauerte. Dabei wurde das Schiff nicht nur grundlegend instandgesetzt, sondern zugleich auch die Aufbauten ver-stärkt und die Hochseefähigkeit des Schiffes durch verschiedene Maßnahmen verbessert. Am 31. März 1967 stellte Köln, inzwischen zur Fregatte umbenannt, wieder in Dienst. Schon Ende April lief sie zu Sturmerprobungen in den Gewässern zwischen den Färöer- und Shetlandinseln aus, bei denen sich die Umbaumaßnahmen bewährten, sodass das Schiff in der Folgezeit zunehmend zu Auslandsreisen einge-setzt wurde. Am 10. März 1968 trat das Schiff bis zum 20. Juni 1968 im Rahmen der Bündnisverpflich-tungen zur ständigen NATO-Einsatzflotte Atlantik (Standing Naval Force Atlantic – STANAFORLANT) und nahm an einem Nato-Manöver im Nordatlantik teil, bei dem ein umfangreiches Besuchsprogramm in zahlreichen Häfen Europas und Nordamerikas absolviert wurde. 1969 befand sich Köln dann wieder überwiegend in der Werft bzw. im Marinearsenal Wilhelmshaven. Lediglich eine Reise nach Stockholm – gemeinsam mit dem Schwesterschiff Augsburg und dem Zerstörer Bayern wurde in diesem Jahr durch-geführt.

Einen Höhepunkt im Schiffsleben bildete sicherlich das Jahr 1970, als Köln gemeinsam mit dem Schwes-terschiff Emden und den Trossschiffen Dithmarschen und Frankenland zu einer großen Übungsreise nach Südamerika aufbrach, die von Mitte April bis Mitte Juni dauerte und den Verband u.a. nach Argentinien und Brasilien führte.

In den folgenden Jahren wechselten sich im Schiffsleben Manöver, Auslandsreisen und natür-lich immer wieder Werftüberholungen ab. Die Einbindung in die nordatlantische Verteidigungsge-meinschaft brachte zahlreiche gemeinsame Manöver und Übungen mit anderen Streitkräften mit sich. Die letzte größere Auslandsreise erfolgte schließlich im Frühjahr 1982, als Köln noch einmal in den At-lantik und das Mittelmeer auslief und im Mai des Jahres am NATO-Manöver Bright Horizon teilnahm.

Nach 20 Jahren ausgefüllter Dienstzeit, in der das Schiff nicht nur als militärische Einheit, sondern auch erfolgreich als Botschafter der Bundesrepublik im Ausland gewirkt hatte, wurde die Fregatte Köln am 28. Juni 1982 in das Marinearsenal Wilhelmshaven verholt und am 1. Juli „außer Fahrbereitschaft" gestellt. Am 14. Juli holte der letzte Kommandant, Fregattenkapitän Volker Hartmann, den Kommandanten-wimpel nieder und wurde von der Besatzung verabschiedet. Die endgültige Außerdienststellung erfolgte dann am 17. Dezember 1982.

Das vierte Schiff mit dem Namen Köln war das erste, das seine gesamte Dienstzeit im Frieden ableisten konnte. In den 20 Jahren, in denen Köln (IV) fuhr, legte sie über 300.000 Seemeilen zurück.

Die Fregatte „F 211" ist nun das fünfte Schiff, das den Namen Köln trägt

Der frühere Kölner Oberbürgermeister und Ehrenbürger der Stadt Köln,
Dr. Norbert Burger, Ehrenmitglied des Freundeskreises Fregatte Köln,
taufte das fünfte Schiff dieses Namens

Die Fregatte 122 „Köln" (V) Schon Mitte der 1970er Jahre wurden Überlegungen für einen Nachfolgetyp der Fregatten Klasse 120 angestellt und die entsprechende taktische Forderung konzipiert. Zwei Werftgruppen unter der Führung von Blohm ß Voss einerseits und des Bremer Vulkan andererseits unterbreiteten hierzu Angebote. Ende 1977 wurde der Auftrag über den Bau von zunächst 6, dann 8 Schiffen an den Bremer Vulkan als Generalunternehmer vergeben, der seinerseits wiederum vier andere Werften – Blohm & Voss Hamburg; HDW Kiel; Thyssen Nordseewerke Emden; AG Weser Bremen – an diesem Auftrag beteiligte. Die Schiffe waren in enger Anlehnung an ein entsprechendes niederländisches Konzept von Standardfregatten der Korteneaer-Klasse entworfen, um eine engere Standardisierung mit den Bündnispartnern im Hinblick auf Versorgung, Ausbildung und Materialerhaltung zu erreichen. Die Schiffe waren für den Einsatz in der Nordsee vorgesehen und sollten entsprechend den Einsatzbedingungen mit den neuesten Führungs- und Waffensystemen ausgestattet werden, um auch unter Schlechtwetterbedingungen operieren zu können. Am 7. Mai 1982 wurde als erste Einheit das Typschiff Bremen in Dienst gestellt, der dann ihre Schwesterschiffe Niedersachsen (15.10.1982), Rheinland-Pfalz (9.5.1983), Emden (7.10.1983), Köln (19.10.1984), Karlsruhe (19.4.1984), Augsburg (3.10.1989) und Lübeck (19.3.1990) folgten.

Die Fregatten der Bremen-Klasse sind Mehrzweckkampfschiffe mit der Hauptaufgabe U-Boot-Bekämpfung, können mit ihren Waffensystemen aber auch andere Schiffe, Flugzeuge und Flugkörper bekämpfen. Ursprünglich vor allem als Geleitsicherung für mögliche Konvois gedacht, haben die Schiffe nach dem Ende des Kalten Krieges heute überwiegend Aufgaben im Rahmen der Auslandseinsätze von UN, NATO, EU und anderen Koalitionen wahrzunehmen. Der Schwerpunkt liegt auf der Sicherung der Schifffahrtswege und der Bekämpfung der Piraterie. Zu diesem ist die Ausrüstung mehrfach angepasst und optimiert worden. Die Besatzungsstärke beträgt aufgabenabhängig rund 200 Mann.

Die Bremen-Klasse hat bei einer Länge von 130,02 m, einer Breite von 14,60 m und einem Tiefgang von 6,09 m eine Verdrängung von 3800 t. Die Antriebsanlage in CODOG-Kombination besteht aus zwei Gasturbingen General Electric LM 2500 von je ca. 18 400 Kw (25.024 PS) und zwei MTU-Dieselmotoren von je 3820 Kw (5.168 PS), die auf zwei Wellen mit fünfflügeligen Verstellpropellern Typ Escher-Wyss von je 4,20 m Durchmesser wirken. Unter Diesel wird eine Geschwindigkeit von 20 kn, mit der Gesamtanlage von 60.384 PS, d.h. mit Dieselmotoren und Gasturbinen können bis zu 30 Kn erreicht werden. Die Reichweite beträgt bei 18 Kn rund 4000 Seemeilen.

Eines der vielen Anlegemanöver der Fregatte Köln

Fregatte Köln (unten Mitte) in einem NATO-Verband

Die Bewaffnung der Schiffe besteht aus einem 76 mm Mehrzweck-Geschütz OTO-Melara auf der Back, zwei Startern mit je 21 Nahbereichsflugkörpern RAM zur Luftabwehr auf dem Hangardach, 2 Marine-leichtgeschützen 27 mm an den Schiffsseiten, zwei Vierfachstartern für AGM-84 Harpoon-Seeziel-raketen zur Bekämpfung von Schiffen, einem 8-fach Starter für SeaSparrow-Flugkörper zur Luftabwehr im Bug, vier Mk 36 SRBOC Täuschkörperwerfern und vier Torpedorohren. Hinzu kommen zwei Hub-schrauber Westland Sea Lynx WG 13 zur U-Boot-Jagd.

Die Fregatten der Bremen-Klasse waren die ersten Kriegsschiffe der Bundesmarine, die mit zwei Hubschraubern ausgerüstet wurden. Ihre Aufgabe ist es, U-Boot-Jagd zu fliegen, Zieldaten an das Mutterschiff zu übermitteln und bei Tag und Nacht Aufklärung zu leisten. Zur U-Boot-Bekämpfung können die Maschinen mit zwei zielsuchenden Leichtgewichtstorpedos bewaffnet werden. Daneben werden die Maschinen auch für Such- und Rettungsaufgaben (SAR) eingesetzt. Die im Anti-Terror-Einsatz stehenden Bordhubschrauber können im Einsatz vor der somalischen Küste auch bewaffnet werden und aktiv gegen Piratenboote vorgehen. Im Regelfall genügt schon das Auftauchen eines solchen Hubschraubers, um die Piraten von weiteren Aktivitäten abzuhalten.

Die elektronische Ausstattung besteht u.a. aus einem Navigationsradar, einem Luftraumüberwachungs-radar, je einem Suchradar Luft und Boden, Feuerleitradar, SONAR zur U-Boot-Suche, ECM-Anlagen zur elektronischen Kriegführung und einer leistungsfähigen elektronischen Datenübertragung.

Die Fregatte Köln wurde am 16. Juni 1980 bei Blohm & Voss in Hamburg auf Kiel gelegt. Der Stapellauf erfolgte am 29. Mai 1981 und am 19. Oktober 1984 konnte das Schiff schließlich in Dienst gestellt werden. Die Köln gehört heute wie auch alle anderen Schiffe der Bremen-Klasse zum 4. Fregatten-geschwader mit Heimatstützpunkt in Wilhelmshaven. In den vergangenen 25 Jahren, die dieses Schiff jetzt im Dienst der Marine steht, hat die Fregatte an zahlreichen Manövern, Ausbildungsfahrten und in den letzten Jahren zunehmend auch aktiv an verschiedenen internationalen Einsätzen teilgenommen, die die Besatzung oftmals über lange Zeit von zu Hause fern hielten. Das Schiff ist in diesen Jahren immer wieder modernisiert und den Einsatzbedingungen angepasst worden. Seit 2007 werden alle Schiffe der Bremen-Klasse einer umfassenden Modernisierung ihrer Ausrüstung unterzogen, um ihre Lebens- und Einsatzdauer bis in das Jahr 2012 hinaus verlängern zu können.

Artists Impression der fünften Köln mit Bordhubschrauber im Anflug von Olaf Rahardt.
Ein Farbdruck kann bei Olaf Rahardt, Marktstraße 1 in 07407 Rudolstadt erworben werden.

81

Köln Tagblat Nr. *898* vom *19 XII 12*

Willi Ostermann beim Kreuzer „Köln" auf Besuch

Willi Ostermann, der augenblicklich auf einer Vortragsreise durch Norddeutschland ist und dort große Erfolge hat, besuchte auch den Kreuzer „Köln" kurz vor der Abreise

„Eine Kanone unter Kanonen" wurde dieses Bild auch an anderer Stelle getitelt. Willi Ostermann, seinerzeit weit bekannter Kölner Mundartdichter und „Kanone" unter den damaligen Kölner Karnevalisten, dessen Karnevalslieder noch heute gesungen werden, besuchte am 19. Dezember 1932 das Patenschiff der Stadt Köln und posierte unter dem vorderen Drillingsturm der Schweren Artillerie des Kreuzers

Die Gründungsmitglieder: Ansgar Reidock, Georg Geiser, Hans Brummer, Michael Hödt, H. Peter Hemmersbach, Robert Herzog, Ch. Boeckmann, Thomas Schütze und Reinhold Koytek (v.l.)

Das Logo des Freundeskreis Fregatte Köln e.V.

freundeskreis fregatte köln – koordinator vielfältiger aktionen der patenschaftspflege

HEINRICH WALLE

Wie in den voranstehenden Grußworten einhellig betont, bedeutet Patenschaftspflege gelebte Solidarität, die sich in einer Vielzahl unterschiedlicher Aktionen manifestiert. So trägt auch die Patenschaft zur Fregatte Köln zur engen Verbundenheit zwischen der Bundeswehr und Köln bei. Diese Patenschaft lebt von den Kontakten zwischen Bürgerinnen und Bürgern der rund 225-köpfigen Besatzung der Fregatte Köln. Vor allem der am 9. Juni 2006 gegründete „Freundeskreis Fregatte Köln e.V." (FFK) leistet hier einen wichtigen Beitrag.

Den Kölner H. Peter Hemmersbach, Jahrgang 1944, muss seine Dienstzeit als Soldat auf Zeit ab 1962 bei der damaligen Bundesmarine entscheidend geprägt haben. Er hatte unter anderem auf dem Zerstörer „Z 1" eine verantwortungsvolle Verwendung. Im Sommer 2000 wurde er zu einer Informationswehrübung für Führungskräfte der Industrie und Wirtschaft einberufen, wo ihn seine Kameraden zum Crew-Sprecher wählten. Darüber hinausgehend engagierte er sich nachhaltig in der „Reunion der Marine", dem Zusammenschluss ehemaliger Teilnehmer von Informationswehrübungen. Aus dieser Tätigkeit im Bereich PR/Öffentlichkeitsarbeit entstand der Gedanke zur Gründung einer Organisation um die Aktivitäten der Patenschaftspflege zur Fregatte Köln besser zu koordinieren. Unter Mitwirkung der bereits in Köln als Untergliederungen des Deutschen Marine Bundes bestehenden Marinekameradschaften „Marinekameradschaft 1891 von Köln", „Marinekameradschaft Leuchtturm", der zur Marine Offizier Vereinigung gehörenden „Marine-Offizier-Messe Köln" wurde der „Freundeskreis Fregatte Köln" e.V. ins Leben gerufen. Zu den Gründungsmitgliedern gehörten u.a. die ehemaligen Kommandanten Michael Hödt und Thomas Schütze sowie Fritz Graf von der Schulenburg, der auch an einer Informationswehrübung teilgenommen hatte. Man wählte H. Peter Hemmersbach zum 1. Vorsitzenden und den ehemaligen Kölner Oberbürgermeister und Ehrenbürger dieser Stadt, Dr. h.c. Norbert Burger, zum Ehrenmitglied.

Zwar liegt die formelle Patenschaft zur Fregatte Köln bei Rat und Verwaltung der Stadt Köln, dennoch leistet seit seiner Gründung der Freundeskreis in enger Kooperation mit dem Schiff, städtischen und militärischen Stellen eine Vielzahl von eigenen Beiträgen zur Vertiefung der Beziehungen. Der Zweck des Vereins ist es, die Besatzungsangehörigen der Fregatte Köln in enger Absprache mit dem Kommandanten zu betreuen und zu unterstützen. Dies geschieht ausschließlich

Von der Besatzung des am 28. August 1914 von britischen Seestreitkräften versenkten Kleinen Kreuzers Cöln, dem ersten Kriegsschiff, das den Namen der Rheinmetropole führte, überlebte als einziger der Oberheizer Adolf Neumann. Die vordere Hälfte eines zerschossenen

Kutters trieb später auf Norderney an, wurde geborgen und der Stadt Köln zum Geschenk gemacht, die es zunächst im Vorhof des Neuen Rathauses und seit 1926 als Kern einer Gedenkstätte für die auf See gebliebenen Besatzungsmitglieder in der Konche der Eigelstein-

Torburg aufstellte. Dieses Kölner Marine Ehrenmal über¬stand die Luftangriffe des Zweiten Weltkrieges. Seine Erhaltung notwendige Pflege wurde jedoch in der Nachkriegszeit stark vernachlässigt. Seit etwa 15 Jahren hatten sich die Kommandanten der Fregatte Köln und

Marinekameradschaften immer wieder vergeblich bei der Kölner Stadtverwaltung um Renovierungsmaßnahmen bemüht. Anscheinend muss es dort Bestrebungen gegeben haben, das Denkmal dem Verfall preiszugeben, um dann bei Gelegenheit die Trümmer eines „den Krieg

verherrlichenden Denkmals" ohne Aufsehen in der Öffentlichkeit beseitigen zu lassen.
Noch vor Gründung des Freundeskreises stellte H. Peter Hemmersbach 2005 einen Antrag auf Zulassung der Renovierung, die nach

überaus zähen Verhandlungen dann nach 1 1/2 Jahren endlich erteilt wurde. Der Freundeskreis konnte dadurch 2007 die Pflege und Erhaltung dieser Gedenkstätte übernehmen und hat zusammen mit anderen Gruppierungen und durch Sponsoren dieses Denkmal

wiederherstellen können, das am 30. August 2008 durch den Oberbürgermeister der Stadt Köln, Fritz Schramma, und den 1. Vorsitzenden des FFK in einer Feier, an der 250 Gäste teilnahmen, der Öffentlichkeit übergeben wurde.

durch Maßnahmen und Aktivitäten im Sinne der Marinesoldaten, wobei der Freundeskreis vor allem Aufenthalte in der Domstadt organisiert. So werden Einladungen in Familien, zu Vereinen und anderen Institutionen vermittelt. Es wird der Besuch kultureller und sportlicher Veranstaltungen arrangiert, wie auch Begegnungen auf allen Ebenen, natürlich auch im Karneval, der für Köln so bedeutsamen „fünften" Jahreszeit. Es werden jährlich zwei Mal mehrtägige Besuche ermöglicht. Dabei wird ein Besuchsprogramm bis hin zum Empfang des Oberbürgermeisters durchgeführt. All diese Maßnahmen erfolgen durch den FFK satzungsgemäß in enger Zusammenarbeit mit dem Büro des Oberbürgermeisters der Stadt Köln, wie der FFK all seine Aktivitäten in Absprache mit allen relevanten Stellen der Stadt, den Vereinen und Verwaltungen durchführt. Weitere Aktivitäten des FFK sind die Organisation von Hilfen zur Job-Suche für Soldaten der Fregatte nach ihrem Ausscheiden aus dem Dienst. Hier hat der FFK zusammen mit dem „Colonia Kochkunstverein" ein Seminar im „Radisson SAS Hotel" für Köche des Schiffes eingerichtet, wovon unten berichtet wird.

Der FFK bezweckt kein internes Vereinsleben, sondern konzentriert seine Aktivitäten auf Projekte zugunsten der Fregatte Köln und ihrer Beatzung. Selbstverständlich gehört die Pflege maritimer Traditionen und Brauchtums auch zu den Zielsetzungen des Freundeskreises.

Als besondere Aufgabe hatte sich der Freundeskreis nach seiner Satzung die Übernahme und Pflege des Marine Ehrenmals in der Eigelstein-Torburg zu Köln zur Pflicht gemacht. Dieses Vorhaben gelang nur durch die gemeinsame Arbeit mehrerer Vereinigungen. So haben die Männer der „Marinekameradschaft Leuchtturm" viele handwerkliche Arbeiten zur Restaurierung des Kutterwracks durchgeführt. Die „Leuchttürmer", wie sich diese Männer gerne nach ihrem Vereinslokal nennen, haben das Kutterwrack abgehängt und gesäubert, wobei ein Tonne Taubendreck entfernt werden musste und danach den renovierten Kutter zusammen mit der Hilfe von Kameraden aus anderen Vereinigungen wieder aufgehängt. Die „Marinekameradschaft Leuchtturm e.V.", die zum Deutschen Marinebund gehört, entstand 1964 aus einer Stammtischrunde; ihr derzeitiger Vorsitzender ist Christian Bauer.
Vor Beginn der Restaurierungsarbeiten hatte die MK Leuchtturm auf dem Innenhof der Mauritiuskirche eine Benefizveranstaltung zugunsten des Restaurierungsvorhabens durchgeführt. Eine Ausstellung von U-Bootmodellen, ein maritimer Trödelmarkt und vor allem der Auftritt von vier Shanty-Chören, darunter der „1. Kölner Shanty-Chor der Marinekameradschaft von 1891", sorgten für eine gelungene Veranstaltung und erbrachten einen namhaften Geldbetrag zur Finanzierung der geplanten Arbeiten.

Das Marine Ehrenmal in der Eigelstein-Torburg zu Köln soll durch seine öffentliche Präsenz beim Betrachter Engagement und Bereitschaft zur aktiven Friedensförderung erzeugen und auch gleichzeitig anregen, Verantwortung für unsere gemeinsame Zukunft zu übernehmen, da nur gegenseitiges Verstehen und Toleranz zwischen den Völkern Kriege vermeiden kann.

Alljährlich ist der Besuch einer Abordnung der Fregatte Köln in der Vorweihnachtszeit im damaligen „Städtischen Kinderheim Köln" eine liebgewordene Tradition, zumal bei dieser Gelegenheit den Waisenkindern Geschenke überreicht wurden, deren Kosten die Besatzung durch Spenden und bordinterne Sammelaktionen aufgebracht hatte. Der damalige Oberbürgermeister, Dr. Norbert Burger, heutiges Ehrenmitglied des Freundeskreises, und der damalige Kommandant, Fregattenkapitän Hellwig Springborn, verständigten sich für 1992 auf eine Einladung von Kölner Kindern nach Wilhelmshaven. Nach umfangreichen Vorbereitungen auf beiden Seiten fand im Juli 1992 ein Zeltlager für 31 Kinder und sechs Betreuer auf der Standortsportanlage in Wilhelmshaven statt. Durch Vermittlung des damaligen Kölner Polizeipräsidenten wurde der Transport nach Wilhelmshaven mit einem

Presseinformation

Kölle Live 2007 war "kölsche Stimmung" pur. Im Rhein Energie Stadion sorgten über 30.000 Besucher für eine gigantische Stimmung. Alle Top Stars der kölschen Szene u.a. Höhner, Paveier, Brings sowie der legendäre Tommy Engel feierten ein Konzert in der Arena.

Durch das Programm führte der Shootingstar Guido Cantz (Sat 1) der dann auch so gegen 18:00 Uhr live die Fregatte Köln mit ihrer Besatzung und Kommandaten Uwe Maaß herzlich grüßte. Die Fregatte, die sich z.Zt. in einem 6 monatigen Einsatz im Golf von Aden befindet, verrichtet ihren Dienst mit den Operationen ENDURING FREEEDOM und lag am Wochenende zur Proviantübernahme und Versorung in Djibouti.

Der Freundeskreis mit seinem Vorsitzenden hatte diese Initiative in Absprache mit dem Ausrichter vereinbart. Die Besucher applaudierten herzlich den Gruß nach Djibouti. Wir, der Freundeskreis waren mehr als zufrieden mit dieser freundlichen Geste.

Allzeit gute Fahrt und eine gute Heimkehr im Oktober wünscht

H.- Peter Hemmersbach
Freundeskreis Fregatte Köln e.V.
1. Vorsitzender

Der Vorstand der Marinekameradschaft Leuchtturm: v.l.n.r.: Gunnar Bierhoff,
Christian Bauer, Vorsitzender, Winfried Wentz, Hans Hüsen und Georg Geiser
vor dem Vereinslokal „Leuchtturm"

Die „Leuchttürmer"

Polizeibus (grün mit Blaulicht, was für die Kinder eine besondere Attraktion war) durchgeführt. Der
Einsatz der Marinesoldaten während des Zeltlagers war stets geprägt von einer hohen Motivation, den
Kindern ein unvergessliches Erlebnis zu bieten, was den Männern der Köln auch stets gelungen ist. Dafür
sprechen viele, oft lange noch nach den Zeltlagern gepflegte Brief Kontakte und Begegnungen bei den
Besuchen in Köln. In den letzten Jahren kamen vermehrt Kinder und Jugendliche mit Behinderungen
zum Zuge. Auch diesen jungen Menschen wurde die Besatzung mit einem abwechslungsreichen
Programm und einer höchst „personalintensiven" Betreuung gerecht. Alle Kommandanten sehen in
dieser Form von Patenschaftspflege einen Weg zum Ausdruck der Solidarität, d. h. einer tiefen Verbundenheit ihrer Besatzung mit den Bürgern unseres Landes. Auch hier wird der Freundeskreis als Koordinator aktiv, indem er sich bemüht, die personellen und materiellen Voraussetzungen zur Pflege dieser
Tradition auch in Zukunft bereitzustellen.

**Im Jahre 2008 startete der Freundeskreis auf Initiative seines Vorsitzenden ein neues Pilotpro-
jekt im Bereich der Öffentlichkeit der Bundeswehr.** In Zusammenarbeit mit dem für Köln zuständi-
gen Jugendoffizier wurde eine Maßnahme zur sicherheitspolitischen Information für Schüler
durchgeführt. Nach einer Einweisung durch Kapitänleutnant Weidmann über Auftrag, Aufgaben und
Strukturen der Bundeswehr und hier der Marine im traditionsreichen Apostelgymnasium zu Köln, konnten dessen Schulleiter, Dr. Zimmermann, sowie zwei Lehrkräfte und neun Abiturienten zwei Tage auf
der Fregatte Köln in Wilhelmshaven eingeschifft werden. Darüber berichten Dr. Zimmermann und drei
Schüler in diesem Band. Die positive Resonanz dieser Maßnahme, die der Freundeskreis initiiert und
„gesponsert" hat, soll, wenn möglich, auch an anderen Lehranstalten in Köln durchgeführt werden.

Angeregt von der Freude und Stärkung, die oft schwerkranke Patienten in Kölner Krankenhäusern und
Altenheimen durch den Besuch des Kölner Dreigestirns (Prinz, Bauer und Jungfrau) bei ihren Besuchen
während der „fünften Jahrszeit" erfuhren, wurde vom Freundeskreis beschlossen, die Aktivitäten zum
hundertjährigen Bestehen der Patenschaft und zum 25-jährigen Dienstjubiläum der Fregatte Köln zu
Gunsten des Kinderkrankenhauses der Kliniken der Stadt Köln, Amsterdamer Strasse auszurichten. Der
hier nachfolgende Bericht des Chefarztes, Professor Dr. Michael Weiß, macht allen Lesern klar, daß hier
den Schwächsten unserer Gesellschaft geholfen werden soll. Auch dies ist eine Aktion der Patenschaftspflege.

In der noch kurzen Geschichte des „Freundeskreises Fregatte Köln" zeigt sich ganz deutlich, dass hier
kein neuer „Marineverein" ins Leben gerufen wurde, sondern dass sich verantwortungsbewusste Bürger und Freunde der Marine zusammengeschlossen haben, um gemeinsam mit anderen Gruppierungen
im vielfältiger Weise Aktionen der Solidarität durchzuführen.

Etwas Bluff...

Z.1

und Post auf See.

Die Forrestal....

Im Leitstand

Aus dem Erinnerungsalbum von H. Peter Hemmersbachs
Marinezeit: 1963 Der Gefreite Hemmersbach hält am
Turbinenleitstand des Zerstörers Z1 60.000 PS in der Hand

Das Marine-Ehrenmal Laboe ist heute „Gedenkstätte für die auf See Gebliebenen aller Nationen - Mahnmal für eine friedliche Seefahrt auf freien Meeren" Dies bedeutet, dass es im Marine-Ehrenmal nicht um Heldenverehrung, sondern um die Erinnerung an die militärischen und zivilen Opfer des Ersten und des Zweiten Weltkriegs geht, wobei ausdrücklich nicht nur der deutschen, sondern auch der alliierten Kriegstoten gedacht wird. Jedes Jahr kommen zahlreiche Marinekameradschaften nach Laboe, um im Marine-Ehrenmal mit einer feierlichen Kranzniederlegung der auf See Gebliebenen alles Nationen zu gedenken. Ebenso dient das Marine-Ehrenmal bis zum heutigen Tag zahllosen Menschen als Ort des persönlichen Gedenkens an die Opfer der beiden Weltkriege sowie an Verwandte, Freude oder Kameraden, die ihr Leben auf See verloren haben.

Marinekameradschaft Kiel von 1891– der Zusammenschluss von
19 Vereinigungen ehemaliger Marinesoldaten zum Bund deutscher Marinevereine bildete 1891 die Urzelle des späteren Deutschen Marinebundes

Der Deutsche Marinebund pflegt internationale Kontakte, hier ein Treffen mit
Soldaten der US-Navy

marinekameradschaften –
120 jahre maritime tradition in deutschland

KARL HEID

Jedes Jahr wird am 28. August am Marine-Mahnmal in der Kölner Eigelstein-Torburg dem Untergang des Kleinen Kreuzers SMS „Cöln" im Seegefecht vor Helgoland 1914 gedacht. Von den 506 Besatzungsmitgliedern überlebte nur der aus Köln stammende Oberheizer Adolf Neumann. Erst nach drei Tagen wurde er, in einem zerstörten Beiboot treibend, von einem Torpedoboot gesichtet und gerettet. Das Bootswrack trieb später auf Norderney an Land, wurde nach Köln gebracht und hängt heute in der Nische des Ostturms der Eigelstein-Torburg als Mahnmal zur Erinnerung an die gefallenen Soldaten der SMS „Cöln".

Diese Kameradschaft der Seefahrenden über Generationen hinweg zu pflegen, ist eines der Ziele des Deutschen Marinebunds. Als größter maritimer Interessenverband Deutschlands pflegt der Deutsche Marinebund die deutsche Marinetraditionen und das maritime Brauchtum. Ebenso fördert der Deutsche Marinebund in enger Zusammenarbeit mit der Marine und Handelsschifffahrt alle Bereiche der deutschen Seefahrt. Dazu gehört auch, die deutsche Bevölkerung für die Bedeutung und Notwendigkeit der Seefahrt für die Bundesrepublik Deutschland zu interessieren.

Der Deutsche Marinebund zählt rund 15.000 Mitglieder in mehr als 400 Marinekamerad-schaften zwischen Flensburg im Norden und Konstanz im Süden, zwischen Trier im Westen und Görlitz im Osten. Nicht nur aktive und ehemalige Angehörige der deutschen Marinen, sondern jeder, der sich für Schiffe und Seefahrt begeistert, kann Mitglied im Deutschen Marinebund oder in einer der Marinekameradschaften werden. So haben beispielsweise viele Männer und Frauen den Weg zum Deutschen Marinebund über einen der zahlreichen Shantychöre der Marinekameradschaften gefunden, in denen das maritime Liedgut gepflegt wird.

Bis heute sind die Marinekameradschaften das Rückgrat der maritimen Traditionspflege in Deutschland. Doch sie dienen nicht nur der Geselligkeit: Als bundesweites Netzwerk sorgen die Marinekameradschaften auch für die Verbreitung des maritimen Gedankens in Deutschland. Zugleich fungieren sie als Botschafter der Marine im Binnenland. Weit weg von der Küste werben die Marine-kameradschaften um Sympathie für die Deutsche Marine. Ohne die Marinekameradschaften würde der Marine ein wichtiger Aktivposten fehlen: Als Träger von Patenschaften mit den schwimmenden Einhei-ten der Marine pflegen sie die Verbindung mit der Flotte und den aktiven Soldaten der Deutschen Marine und bilden auf diese Weise ein wichtiges Bindeglied zwischen Marine und Bevölkerung.

Allein in Köln existieren mit der „Marinekameradschaft Köln von 1891" und der Marinekameradschaft „Leuchtturm" gleich zwei maritime Vereinigungen. Das mag angesichts der geografischen Lage Kölns tief im Binnenland verwundern, doch nur auf den ersten Blick – schließlich besitzt die Rheinmetropole als wichtige Handels- und ehemalige Hansestadt eine fast tausendjährige maritime Tradition und pflegt überdies seit einem Jahrhundert die Patenschaft für die Schiffe der Marine mit dem Namen „Cöln" bzw. „Köln". Zudem besteht seit mehr als 20 Jahren eine Partnerschaft der Marinekameradschaft „Leuchtturm" mit der Portepee-Unteroffiziermesse der Fregatte „Köln", die nicht zuletzt durch rege gegenseitige Besuche, Mitfahrten und Ähnliches gepflegt wird. Ebenso haben sich die Kölner Marinekameradschaften tatkräftig an der vom „Freundeskreis Fregatte Köln e.V." initiierten Renovierung des Marine-Mahnmals in der Eigelstein-Torburg beteiligt.

Dieser Geist der Kameradschaft und der Verbundenheit mit der See stand auch am Beginn der Geschichte des Deutschen Marinebunds. 1877 wurde in Hamburg mit dem „Deutschen Marineverein" die erste Marinekameradschaft gegründet. In den folgenden Jahren entstanden überall in Deutschland weitere Marinevereine und Marinekameradschaften, in denen sich aktive und ehemalige Angehörige der Kaiserlichen Marine zusammen fanden, um auch nach dem Ende der Dienstzeit die an Bord erlebte Kameradschaft aufrecht zu erhalten, die Traditionen der Marine zu bewahren und das maritime Brauchtum zu pflegen.

Angesichts der rasch wachsenden Zahl der Marinevereine lag der Gedanke nahe, einen reichsweiten Dachverband zu bilden. Einer Anregung des damaligen Kapitän zur See Prinz Heinrich von Preußen, des jüngeren Bruders Kaiser Wilhelms II., folgend, schlossen sich daher im Juni 1891 in Kiel 19 Marinevereine mit insgesamt etwa 1.000 Mitgliedern zum „Bund deutscher Marinevereine" zusammen. 1898 besaß der neue maritime Dachverband bereits 5.600 Mitglieder, die in 80 Marinevereinen organisiert waren. Bis 1914 wuchs die Mitgliederzahl auf 22.000 Mitglieder in 269 Marinevereinen.

Die Niederlage Deutschlands im Ersten Weltkrieg war für den „Bund deutscher Marinevereine" und seine Mitglieder, ebenso wie für einen Großteil der aktiven Offiziere, Unteroffiziere und Mannschaften der Marine, ein schweres Trauma. Im Kreise der Marinevereine suchten sie Zusammenhalt, pflegten die Kameradschaft und bewahrten die Erinnerung an die Gefallenen des Krieges.

Sichtbarer Ausdruck dieses Kameradschaftsgeistes ist das Marine-Ehrenmal in Laboe. Nach Ende des Ersten Weltkrieges entstand die Idee, eine Gedenkstätte für die gefallenen Marinesoldaten zu errichten. 1925 hatte Wilhelm Lammertz, ein ehemaliger Obermaat der Kaiserlichen Marine, die Idee, eine Gedenkstätte für die 35.000 Toten der Kaiserlichen Marine im Ersten Weltkrieg zu schaffen. Der Gedanke fand breite Zustimmung und so wurde zwischen 1927 und 1936 allein mit Spendenmitteln der deutschen Marinevereine in Laboe an der Kieler Außenförde das Marine-Ehrenmal als Gedenkstätte für die im Ersten Weltkrieg gefallenen deutschen Marinesoldaten errichtet. Das NS-Regime nutzte die feierliche Einweihung im Jahre 1936, um das Marine-Ehrenmal für ihre Zwecke ideologisch zu vereinnahmen.

Bereits einige Zeit zuvor hatte der „Bund deutscher Marinevereine" seine Eigenständigkeit verloren und war als „Nationalsozialistischer Deutscher Marinebund" „gleichgeschaltet" worden. Nach dem Zweiten Weltkrieg wurde der Marinebund wie alle NS-Organisationen verboten. Gleichwohl entstanden in der Nachkriegszeit in Westdeutschland schon bald wieder Marinevereine und -kameradschaften. Ähnlich wie nach dem Ersten Weltkrieg standen hierbei Zusammenhalt und gegenseitige Unterstützung im Vordergrund, wobei sich die gemeinsamen Erfahrungen und die im Krieg erlebte Kameradschaft als wichtige Identifikationsfaktoren erwiesen. Rasch wurde der Deutsche Marinebund zum bedeutendsten

Marine-Ehemaligenverband und gleichzeitig zum größten maritimen Interessenverband Deutschlands. 1960 erreichte die Mitgliederzahl den Stand von 20.000 Personen in rund 400 Marinekameradschaften.

1954 gaben die Alliierten das nach der deutschen Kapitulation 1945 beschlagnahmte Marine-Ehrenmal an den 1952 neu gegründeten Deutschen Marinebund zurück, das nun zu einer Gedenkstätte für die in beiden Weltkriegen gefallenen Seeleute aller Nationen wurde.

Bis heute ist das Marine-Ehrenmal das ideelle und emotionale Zentrum des Deutschen Marinebunds und der Marinekameradschaften. Zugleich ist es die offizielle Gedenkstätte der Deutschen Marine.

Seit der Erbauung ist der Deutsche Marinebund der alleinige Eigentümer des Marine-Ehrenmals. Er unterhält diese weltweit einmalige Gedenkstätte bis heute ohne staatliche Unterstützung allein aus eigenen Mitteln. Auch die umfassende Restaurierung des Marine-Ehrenmals in den Jahren von 1993 bis 1997 wurde ohne staatliche Zuwendungen nur aus Eigenmitteln und mit Hilfe zahlreicher Spenden von Seiten der Marinekameradschaften, der Mitglieder des Deutschen Marinebunds und von Freunden des Marine-Ehrenmals finanziert.

Doch nicht nur an die Gefallenen der beiden Weltkriege wird im Marine-Ehrenmal erinnert. Auch das Gedächtnis an die seit Kriegsende auf See Gebliebenen wird in Laboe bewahrt. Dementsprechend wurde 1996 in der Eingangshalle auf Wunsch der Marine die „Gedenkstätte Deutsche Marine" geschaffen. Sie trägt die Widmung: „In ehrendem Gedenken den Angehörigen der Deutschen Marine, die seit 1955 in Ausübung ihres Dienstes ihr Leben ließen". In das Gedenken eingeschlossen sind dabei auch die Toten der „anderen" deutschen Marine, der Volksmarine der Deutschen Demokratischen Republik. Genauso wird seither in der „Gedenkstätte zivile Schifffahrt" mit der Inschrift „Wir gedenken der Toten der zivilen Schifffahrt und Seedienste" an die Opfer des deutschen Minenräumdienstes unter alliiertem Kommando nach dem Zweiten Weltkrieg und allen anderen auf See Gebliebenen erinnert.

Zugleich dient das Marine-Ehrenmal als offizielle Gedenkstätte der Deutschen Marine auch den heutigen Marinesoldaten zur Wahrung ihrer maritimen Identität. Alljährlich findet am Freitag vor dem Volkstrauertag in Laboe eine gemeinsame Kranzniederlegung der Deutschen Marine und des Deutschen Marinebunds zum Gedenken an die auf See Gebliebenen und die Opfer von Krieg und Gewalt statt.

Als Ort der Erinnerung, der sich mit der Geschichte bewusst auseinander setzt, soll das Marine-Ehrenmal nach dem Willen des Deutschen Marinebund auch in Zukunft ein lebendiges Denkmal bleiben.

Zugleich sieht der Deutsche Marinebund seine Aufgabe in der Stärkung des maritimen Bewusstseins. Als eine der bedeutendsten Wirtschaftsnationen und Exportländer weltweit ist die Bundesrepublik Deutschland auf einen freien und ungestörten Zugang zu den Seewegen angewiesen. Über 90 Prozent des Welthandels und auch ein Großteil des deutschen Außenhandels werden per Schiff abgewickelt. Das gesamte Wirtschaftssystem der Bundesrepublik, unser Wohlstand und unsere sozialen Errungenschaften hängen vom ungehinderten Zugang zur See ab. Dennoch hat die Problematik der existenziellen Bedeutung freier und sicherer Seewege für uns und unser Land in der öffentlichen Wahrnehmung nicht die Bedeutung, der diesem wichtigen Faktor unseres täglichen Lebens eigentlich gebührt. Dieses „maritime Bewusstsein" zu fördern, ist das Ziel des Deutsches Marinebunds.
Ohne die tatkräftige Unterstützung der Marinekameradschaften und ihrer engagierten Mitglieder vor Ort jedoch ist diese wichtige und anspruchsvolle Aufgabe nicht zu erfüllen. Die Marinekameradschaften sind als Multiplikatoren des maritimen Bewusstseins in Deutschland unverzichtbar.

Ausschnitt der Stadtansicht von Köln nach dem Holzschnitt von Anton Woensam von 1531

köln und die hanse

MICHAEL EULER-SCHMIDT

„Es ist Köln, auch eine Hansestadt, und zwar das Haupt derer, die in Niederland und Westfalen liegen…" (Hartmann Schedels Weltchronik v. 1493)

Die Handelserfolge Kölns in alter Zeit gründen auf den von den Römern angelegten ersten Straßen- und Wegenetzen. Strahlenförmig ausgerichtet, erreichte der Handelsverkehr von der Stadt am Rhein aus über die Jahrhunderte wichtige Orte und Zentren in ganz Europa.

Das in Köln seit der Mitte des 12. Jh. streng gehandhabte Stapelrecht, das den reisenden Kaufleuten nicht nur das Ausladen der Ware, sondern auch den gleichzeitigen Verkauf auferlegte, sorgte in Köln für hohe Produktqualität. Das Attribut „Kölnisch" erhielten denn auch nicht nur die eigenen Erzeugnisse, sondern auch die, die von Kölnern „veredelt" oder „umgepackt" worden waren. „Kölnische Waren" erreichten damit schnell den Stellenwert von heutigen Markenartikeln.

Für diesen ständigen Warenfluss war der Rhein die unumstritten wichtigste Handelsstraße, die vor allem die Verbindung zu den sich entwickelnden Seehäfen sicherstellte.

Im Kölner Hansezeitalter des 14. bis 15. Jahrhunderts spielten in der Schifffahrt auf dem Rhein zwei Schiffskonstruktionen eine wichtige, weil verbindende Rolle: der „Oberländer" und der „Niederländer". Der „Oberländer" war auf die Stromverhältnisse von Ober- und Mittelrhein zugeschnitten, wogegen der „Niederländer" im unteren Strombereich eingesetzt wurde und im oberen Bereich getreidelt werden musste.

Dass die Binnengewässer in jener Zeit immer mehr zum bevorzugten Transportweg von Waren aller Art wurden, lag u.a. an dem Umstand, dass die Landstraßen für Kaufleute immer unsicherer geworden waren und man nie vor Überfällen sicher sein konnte. So sind denn auch in Ausnahmen Ladekapazitäten von 172,5 Tonnen pro Schiff aus dem 14. Jahrhundert überliefert.

Ein Ausschnitt vom Holzschnitt des Anton Woensam von 1531 zeigt deutlich den dichten Schiffsverkehr vor der Ansicht Kölns. Für viele einfache Menschen, die in die Stadt strömten, muss dieser Anblick damals ein unglaubliches Erlebnis von nicht gekannter Größe und Vielfalt gewesen sein.

In der Hanse war die Rolle Kölns bestimmt durch seine herausragende geographische Lage. Die Stadt war handelspolitisch eine Drehscheibe, die aber auch von Interessenskonflikten überlagert war. Die Hanse selbst hatte unter der Führung Lübecks 1356 ein förmliches Bündnis der westfälischen, sächsischen, wendischen, pommerschen und preußischen Städte initiiert um die Handelsbelange gegenseitig zu schützen.

Kölns Handelsbeziehungen im 16. Jahrhundert waren ein Europa umspannendes Netz

Als zu Beginn des 14. Jahrhunderts viele territoriale Auseinandersetzungen begannen, schadeten diese dem stark gewordenen Handel der Städte auf den Straßen und Meeren. Die Folge war der erste „Allgemeine Hansetag" in Lübeck 1358, dem im Frühjahr desselben Jahres ein zweiter folgen sollte. Auslöser für diese Treffen in schneller Folge waren der Bruch der von der Hanse ausgehandelten Schutz- und Geleitverträge durch den Grafen von Flandern. Die Hanse belegte daraufhin Flandern mit einer totalen Handelsblockade und zeigte so in der Gemeinschaft Stärke.

Doch die Hanse erfährt in jenen Jahrzehnten auch durch einen nur scheinbaren Verbündeten, Waldemar IV. Atterdag von Dänemark, einen bedeutenden Prestigeverlust. Waldemar schlug eine hansische Armada, geführt von dem Lübecker Bürgermeister Johann von Wittenborg, 1362, und schwächte mit dem Sieg und seinem anschließenden politischen Taktieren die nur scheinbare Einheit der Hanse. Für die Niederlande und damit auch für die Hanse wurde der daraus resultierende Expansionswille der Nordländer bedrohlich.

Dies war auch der Grund, warum Köln als die an der Schnittstelle gelegene Metropole für den ersten und einzigen Hansetag in seinen Mauern damals ausgewählt wurde. Am 19. November 1367 fand dieser im „Langen Saal" des Rathauses, dem heutigen „Hansasaal", statt. Alle diplomatischen Versuche, mit Waldemar ohne Krieg auszukommen, waren jedoch vergeblich. Die Hanse erklärte ihm den Krieg und mit ihren Verbündeten schlug sie ihn schlussendlich vernichtend, so dass es im November 1369 zum Waffenstillstand kommt.

Für den ständigen Warenfluss war und ist der Rhein wichtigste Handelsstraße

Doch die Konkurrenzkämpfe und Begehrlichkeiten prägen weiter diese Jahre. England, jetzt ausgestattet mit einer parlamentarischen Demokratie, die auf Seiten der Unternehmer stand, dringt nun verstärkt in hansische Märkte ein. Dies führt zum „Hansisch-Englischen Krieg", in dessen Verlauf Köln von 1469-1474 eine „Sonderhanse" betreibt, während die anderen Mitglieder des Städtebundes England den Rücken kehren. Köln muss dafür bitter bezahlen und wird mit der „Verhansung" und dem Verlust aller Privilegien bestraft.

Ob die Kölner immer mit Emphase hinter der Hanse standen oder nicht doch lieber ihre Sonderrolle als selbstbewusster Standort pflegten, ist eine Frage, die im Raum stehen bleibt.

Fakt ist jedoch, dass der Rhein nach wie vor auch heute noch ein wichtiger Weg zum Transport von Handelsgütern ist. So übernehmen die deutschen Binnenhäfen als „Schnittstelle der Gütertransportketten national und international eine wichtige Drehscheibenfunktion." Sie haben als „Hinterland-Verteilzentren" für die Seehäfen große Bedeutung. In Nordrhein-Westfalen sind es Duisburg, Köln, Düsseldorf und Neuss, die diese Aufgabe mit ihren Häfen erfüllen. Bis heute verzeichnen sie Wachstum und bis zum Jahr 2015 wird eine Steigerung des Umschlagaufkommens von über 20% erwartet.

Der Name „Hansestadt" aber ist lediglich vier Städten bis heute geblieben: Hamburg, Lübeck, Bremen und Rostock.

Stapellauf des Kleinen Kreuzers Köln am 23. Mai 1928. Sobald sich das Schiff bewegt hat, wurde das Namensschild abgeklappt

Der Sarg mit den sterblichen Überresten des ehemaligen Oberbürgermeisters von Köln und späteren Bundeskanzlers Dr. Konrad Adenauer wird am 25. April 1967 an Bord des Schnellbootes Kondor zur Überführung nach Rhöndorf gebracht

Unmittelbar vor der Taufe: v.l.n.r.: Admiral Zencker, Reichswehrminister Gessler, Oberbürgermeister Konrad Adenauer von Köln, der die Taufe vollzog

Der Kölner Oberbürgermeister Konrad Adenauer weilte im Frühjahr 1932 drei Tage an Bord des Kreuzers Köln

oberbürgermeister konrad adenauer und der leichte kreuzer köln

Notar Konrad Adenauer, Enkel des ehemaligen großen Oberbürgermeisters der Stadt Köln und des ersten Kanzlers der Bundesrepublik Deutschland, Dr. Konrad Adenauer, schrieb anlässlich der Feierlichkeiten zum hundertjährigen Bestehen der Patenschaft Köln folgenden Brief:

Sehr geehrter Herr Hemmersbach,
nachfolgend überreiche ich Ihnen meinen Beitrag für Ihren Sammelband.

„Als historisch besonders interessierter und vielfältig engagierter Bürger Kölns nehme ich schon seit vielen Jahren Anteil an dem Schicksal der Gedenkstätte für den Kreuzer „Cöln" (1909-1914) in der Kölner Eigelsteintorburg und den Beziehungen der Stadt Köln zu den Schiffen unserer Marine mit dem Namen „Köln".
Den auf der ersten „Cöln" zugleich bei Beginn des 1. Weltkrieges gefallenen Matrosen bin ich auf ihren Gräbern auf den verschiedenen Nordseeinseln, z.B. Juist und Föhr, begegnet. Dorthin haben die Wellen ihre Leichname getragen. Wo sollte dieser Kriegsopfer eindringlicher und dauerhafter gedacht werden als in ihrer Partnerstadt Köln?
Mein Großvater Konrad Adenauer hat das dritte Schiff in dieser Reihe, den „Leichten Kreuzer Köln", 1929 in Wilhelmshaven als Oberbürgermeister von Köln getauft und sich mehrere Tage an Bord aufgehalten.
Einen Teil der Mannschaft der heutigen Fregatte „Köln" konnte ich durch die Initiative von Herrn Peter Hemmersbach kürzlich kennenlernen, und zwar in dem Kölner Apostelngymnasium, das mein Großvater und ich besucht haben. Auch diese Mannschaft steht in der Köln-Tradition und fühlt sich ihrer Patenstadt verbunden. So ist dem vor drei Jahren gegründeten Freundeskreis Fregatte „Köln" e.V. (FFK) sehr zu danken, dass er des 100. Jahrestages der Indienststellung des (ersten) Kreuzers „Cöln" vor 100 Jahren nicht nur durch eine Feier im Historischen Rathaus unserer Stadt Köln, sondern auch durch einen Sammelband gedenkt. Ich wünsche diesem Buch weite Verbreitung und dem Kinderkrankenhaus der Stadt Köln an der Amsterdamer Straße daraus einen größtmöglichen Spendenertrag."
Mit freundlichen Grüßen
(gez. Konrad Adenauer)

Vorsitzender des Kölnischen Geschichtsvereins
Köln, 19.03.2009

99

Eine bedeutsame Entscheidung

Zwischen dem "Kreuzer Köln", auf dem ich von 193o - 1934 kommandiert
war, und seiner Patenstadt am Rhein bestanden immer ungetrübte gute
Beziehungen. Um diese noch zu vertiefen, luden wir den Oberbürgermeister Dr. Konrad Adenauer im Frühjahr 1932 ein, einmal 3 Tage lang
an Bord mitzufahren, um die ganze Besatzung kennen zu lernen.Das
war deswegen ein sehr bedeutendes Ereignis, weil Adenauer damalsschon
eine große politische Rolle spielte.Er war nicht nur der allgemein
anerkannte Oberbürgermeister von Köln, sondern auch Präsident des
Preißischen Staatsrates, der für Preußen eine ähnliche Rolle spielte
wie heute der Bundesrat für die Bundesrepublik.Es war auch bekannt,
daß er sich seiner Bedeutung durchaus bewußt war. Er mußte bei seiner
Anreise abends vom Hauptbahnhof Bremen abgeholt werden, wobei sich
herausstellte, daß die damalige Reichsmarine nur einen einzigen Wagen
besaß, den man wagen konnte ihm anzubieten, daß war der Horch 8 des Chefs
der Marineleitung.Dieser wurde nach Bremen beordert, wo ich mich als
Adjudant per Eisenbahn einfand, um Herrn Adenauer standesgemäß von
Bremen nach Wilhelmshaven im Auto geleiten zu können. In Köln hatte
er als Dienstwagen 2 Maibach Kompressorwagen, wie ihn sich die damalige
Reichswehr nicht leisten konnte.An Bord schlief Adenauer in meiner
Adjudantenkammer, welche unmittelbar neben den repräsentativen Komman-
dantenräumen, welche Adenauer so leicht mitbenutzen konnte.
Es stellte sich dann heraus, daß Adenauer wirklich interessiert war,
den Bordbetrieb gründlich kennen zu lernen.Er selbst war ja nie Soldat
gewesen und machte auch keinen Hehl daraus, daß er das was man"Kommis"
nannte, nicht sehr schätzte. Außerdem muß angemerkt werden, daß Adenauer
damals bedingungsloser Pazifist war und bei allen Etatberatungen über
militärische Aufgaben stets mit "nein" stimmte, was bei seinem politischen Gewicht für die Reichswehr immer unangenehm war.
Es stellte sich bald heraus, daß Adenauer sich bei uns an Bord sehr
wohl fühlte.Er sagte mir ganz offen, daß er sich sehr freute, ein so
gutes Betriebsklima an Bord des Patenschiffes zu erleben.Er suchte die
intensive Begegnung mit allen Rängen - Mannschaften, Maate, Portepee
Unteroffiziere, Offiziere - und sagte mir mehrfach, daß er seinen Besuch
sehr genösse und sich besonders freue, den Kommis garnicht erst feststellen zu können.Er meinte sogar, daß Betriebsklima wäre besser als in
der kölner Stadtverwaltung, obwohl er dieses auch für gut halte.Aber
die Besatzung wären ja alle Freiwillige.
An den Abenden führte Dr.Adenauer in der Kommandantenkajüte mit unserem
Kommandanten, Kapitän zur See Ludwig von Schröder, lange Gespräche,wobei
meist einige Offiziere noch anwesend waren.Er hatte in seinem Gepäck
silbernes Tafelgeschirr und 12 silberne Sektbecher für die Kommandanten-
messe,einwirklich fürstliches Geschenk,

Bericht des damaligen Adjutanten des Kommandanten, Oberleutnant zur See Werner Lott (1907-1997) über den Besuch von Konrad
Adenauer im Frühjahr 1932

- 2 -

wobei jedes Stück mit dem schönen rot-weiß-schwarz-goldenen Wappen
der Stadt Köln geschmückt war.Vor seiner Rückkehr hielt Adenauer auf der
Schanz vor der ganzen Besatzung eine kurze Ansprache, in der er sich
bedankte und noch einmal alles und alle sehr lobte.
Der Kommandant wurde zu einem offiziellen Besuch der Stadt Köln eingelader
der im Herbst 1932 durch Kommandant und Adjudant durchgeführt wurde. Wir
wurden dort gefeiert, wie ich es in meinem Leben noch nicht erlebt hatte.
Höhepunkt des Besuches war ein Bankett im Gürzenich, wo Adenauer dem
Kommandanten als Ehrengast der Stadt begrüßte und dann weiter sagte:
"Meine Herren, Sie wissen alle, ich bin ein bedingungsloser Pazifist,"
dann machte er eine kleine Pause und fuhr fort" gewesen, muß ich heute
hinzufügen, denn der Mann, der mich überzeugt hat, daß man das heute
als Deutscher Patriot nicht mehr sein kann, ist unser Ehrengast heute
abend!' Dann fügte er noch ein paar sehr nette Worte über seine Eindrücke
beim Besuch auf dem Schiff hinzu, wobei er sich besonders durch die
Harmonie beeindruckt zeigte. An der Tafel saßen wohl alle großen Indu-
striekapitäne der damaligen Zeit, von denen mir noch besonders erinner-
lich ist der markante Kopf im schlohweißen Haar von dem alten Kirdorf,
aber auch einige andere waren noch da,praktisch fehlte wohl kaum jemand,
derRang und Namen nicht nur im kölner Raum sondern auch im ganzenRuhr-
gebiet hatte. Das war eine ganz außerordentliche Ehrung für unseren
Kommandanten, welche auch in der Presse großes Aufsehen erregte. Danach
hat Adenauer konsequent auch für den Wehretat gestimmt.
Am Schluß des Besuches überreichte mir Adenauer einen ganz ungewöhnlich
kostbaren Kunstband, so kostbar, wie ich ihn mir nie hätte leisten
können. Vorne drin stand eine handschriftliche Widmung für den Oberleutnant zur See Werner Lott mit einigen sehr anerkennenden Worten für mich.
Ein kostbares Geschenk, daß durch die persönliche Widmung von Adenauer
im Wert noch erhöht wurde. Es tut mir heute sehr leid, daß beim ersten
Angriff auf Wilhelmshaven dieser Kunstband mit verbrannt ist.
Es dauerte bis 1954, als ich in einer ganz anderen Angelegenheit einen
Termin beim Bundeskanzler Adeneuer bekam.Wir wurden uns überraschend
schnell einig, sodaß ich noch einige Minuten Zeit hatte.Ich fragte ihn
daraufhin, ob er sich noch auf mich besinnen könnte. Er meinte, bei
meinem Eintreten das Gefühl gehabt zu haben, daß er mich kennte, aber
genau könnte er das nicht mehr sagen.Alsi ich dann aber sagte:"Sie haben
mal in meinem Bett geschlafen" ging ein Leuchten über sein Gesicht, und
er sagte im besten rheinischen Jargon:" Se sin de adjudant von de Köln,
dat is aber nett, nu woln wir noch mal von de juten alten Zeiten rden."
Und dann setzten wir uns in eine gepolsterte Sitzecke trotz aller Pro-
teste seines Vorzimmers unterhielten wir uns 35 Minuten sehr angeregt,
wobei ich nur staunen konnte, was der alte Herr nach so langer Zeit
noch so genau erinnerte.

kliniken der stadt köln, kinderkrankenhaus, amsterdamer straße

Der Ärztliche Direktor und Chefarzt der Kliniken der Stadt Köln, Kinderkrankenhaus Klinik für Kinder- und Jugendmedizin, Amsterdamer Straße, Professor Dr. Michael Weiß richtete folgende Zeilen an den Vorsitzenden des „Freundeskreises Fregatte Köln":

Sehr geehrter Herr Hemmersbach,

zu Ihrem großartigen Projekt, 100 Jahre Patenschaft für fünf Schiffe Cöln/Köln in diesem Frühjahr mit einer umfangreichen Festschrift und einer Feierstunde Ihres Vereins „Freundeskreis Fregatte Köln" mit der Stadt Köln und der Deutschen Marine am 30.05.2009 öffentlich hervorzuheben, möchte ich Ihnen gratulieren und Ihnen viel Erfolg bei der Umsetzung des engagierten Buchprojektes wünschen. Nachdem seit dem Jahr 1909 fünf Marineschiffe den Namen Kölns trugen und bei ihren vielfältigen Einsätzen auf der ganzen Welt bekannt machten, wird es eine spannende Aufgabe sein, den historischen Weg vom Kreuzer „Cöln" (1909) bis zur inzwischen 25 Jahre alten Fregatte „Köln" Revue passieren zu lassen. In Ihrem Sammelband werden profunde Experten die Geschichte der Seefahrt in Köln seit der Hansezeit darstellen und die wichtigen persönlichen und sozialen Aspekte der jahrhundertelang gepflegten maritimen Partnerschaft betonen.

Im Kinderkrankenhaus Amsterdamer Straße der Kliniken der Stadt Köln GmbH haben wir mit großer Freude von Ihrer Initiative erfahren, eventuelle Überschüsse aus dem Erlös der Festschrift unserem Hause zu spenden, das sich seit inzwischen fast 5 Jahrzehnten der täglichen Behandlung und Versorgung aller akut oder chronisch erkrankten Kinder aus Köln und Umgebung widmet.

Anfang der 60er Jahre des 20. Jahrhunderts wurde am Standort Amsterdamer Straße mit Weitsicht ein großes kommunales Kinderkrankenhaus geplant, um unter dem gemeinsamen Dach der Kliniken der Stadt Köln ein speziell für Kinder aller Altersstufen und Jugendliche geeignetes Krankenhaus als Kinderzentrum zu schaffen. In mehreren Abteilungen sollten Spezialisten für alle stationär zu behandelnden Kinder und Jugendlichen eng zusammenarbeiten, aber auch ambulante Konsultationen für Patienten angeboten werden, die von ihren betreuenden Kinderärzten, Hausärzten oder Fachärzten verschiedener Disziplinen mit besonderen Problemen vorgestellt werden. Besondere Bedeutung hat der Standort Amsterdamer Straße durch die rund um die Uhr geöffnete Klinik, in der Notfallpatienten akut vorgestellt, möglichst ambulant versorgt oder bei Notwendigkeit stationär aufgenommen werden.

Heute umfasst das Kinderkrankenhaus Amsterdamer Straße 5 Abteilungen, mit insgesamt 292 stationären Betten: Klinik für Kinder- und Jugendmedizin mit angeschlossenem Sozialpädiatrischen Zentrum und Perinatalzentrum, Klinik für Kinderchirurgie und -Urologie, Abteilung für Kinderanästhesie, Abteilung für Kinderradiologie und die 2005 neu geschaffene Klinik für Kinder- und Jugendpsychiatrie (am Standort Köln-Holweide). In enger Kooperation der 5 Abteilungen und im Verbund mit den anderen Abteilungen und Einrichtungen der Kliniken der Stadt Köln gGmbH werden pro Jahr mehr als 11.000 Patienten stationär und über 20.000 Patienten ambulant behandelt.

Kliniken der Stadt Köln, Kinderkrankenhaus Amsterdamer Straße

Beim ständigen medizinischen Fortschritt und den immer höheren qualitativen Anforderungen bei der Behandlung aller pädiatrischen Patienten, vom Früh- und Neugeborenen über Kleinkinder und Schulkinder bis zu Jugendlichen und jungen Erwachsenen mit chronischen Erkrankungen, muss eine breites Spektrum an Expertise, personeller Erfahrung und technischen Behandlungseinrichtungen, u.a. mit 2 Intensivstationen, vorgehalten werden. Für die Durchführung kindgerechter und medizinisch am höchsten Standard orientierter Behandlungen reichen die öffentlichen Finanzierungswege über die Krankenkassen mit der auf Pauschalsätzen beruhenden Budgetplanung nicht mehr aus.

Kinderkliniken mit generellem Versorgungsauftrag und hohem Spezialisierungsgrad für alle Erkrankungen des Kindes- und Jugendalters, wie im Kinderkrankenhaus Amsterdamer Straße gegeben, nehmen deshalb gerne die Unterstützung vieler Spenderinnen und Spender an, die sich für die Behandlung schicksalhaft betroffener Kinder engagieren und in kleinen und großen Beträgen eine wesentliche Unterstützung für die tägliche Arbeit im Kinderkrankenhaus gewähren. Seit fast 20 Jahren werden die Spenden und ehrenamtlichen Unterstützungen im Verein der Freunde und Förderer des Kinderkrankenhauses Amsterdamer Straße Köln e. V. (Vorsitzender: Gerd-Thomas Gemein) gebündelt, dem wir zu großem Dank verpflichtet sind. Soziale Arbeit, pädagogische Betreuung, unterstützende Therapie mit Klinikclowns, Unterstützungen für Pilotprojekte z.B. bei Diätberatung oder der Behandlung Übergewichtiger verdanken wir der aktiven Unterstützung durch den Förderverein ebenso wie große Spendenaktionen und das Sammeln großer Geldbeträge z.B. zur Anschaffung und Errichtung eines Kernspintomographiegerätes (MRT), das 2008 im Kinderkrankenhaus für die jungen Patienten in Betrieb genommen werden konnte. Aktuell erweitern wir die Betreuung schwerstkranker Patienten mit bösartigen Erkrankungen des Blutes oder Tumoren. Für den Ausbau der Onkologie mit hohen Sicherheitsstandards und adäquater räumlicher und personeller Ausstattung werden Spendenmittel zielgerichtet eingesetzt, um die Erfolge der modernen Medizin allen in Köln erkrankten Patienten anbieten zu können.

Wir danken allen Spendern, die seit mehreren Jahrzehnten das Kinderkrankenhaus Amsterdamer Straße kontinuierlich unterstützt und in seiner herausfordernden Aufgabe der allgemein und speziellen Krankenversorgung stabilisiert und gefördert haben. Insbesondere sind wir aktuell allen Interessenten und Spendern über den Sammelband der „Fünf Schiffe Cöln/Köln" sowie dem Initiator Herrn H. – Peter Hemmersbach sehr dankbar.

Köln, im März 2009

Prof. Dr. Michael Weiß, Ärztlicher Direktor

apostelgymnasium köln besucht die fregatte

KLAUS ZIMMERMANN

Maritime Partnerschaftspflege als Mittel sicherheitspolitischer Information Das Angebot des Freundeskreises der Fregatte Köln zu einem Besuch seines Schiffes in Wilhelmshaven, ausgesprochen durch deren Vorsitzenden, H. Peter Hemmersbach, kam plötzlich und unerwartet. Bis auf gelegentliche Einladungen des Jugendoffiziers Tobias Weidmann im Fach „Sozialwissenschaft" hatte das Apostelgymnasium bisher keine Berührungspunkte mit der Bundeswehr.

Wie werden unsere Schülerinnen und Schüler reagieren? Früh aufstehen statt lange schlafen, eine enge Koje statt eines weichen Bettes, dichtes Programm statt dröhnender Party? Ein freies Wochenende mit der Schulleitung und einem Lehrer auf einer Fregatte zu verbringen ist für Schülerinnen und Schüler eher ungewöhnlich. Was sagen die Lehrkräfte, die zum Teil ein ambivalentes Verhältnis zur Bundeswehr haben?

Trotz mancher Vorbehalte: Wir sagten zu! Wann gibt es schon für Kölner Schüler die Gelegenheit, eine Fregatte der Bundeswehr nicht nur zu besichtigten, sondern zu besuchen, mit den Mannschaften und Offizieren ins Gespräch zu kommen, an Bord zu wohnen, das Leben mit der Besatzung zu teilen und bei einem Ausflug in die Deutsche Bucht die Manöver eines Seenotkreuzers zu verfolgen? Als Kölner Gymnasium, an dem der Kölner Oberbürgermeister und erste Bundeskanzler, Konrad Adenauer, und der amtierende Ministerpräsident, Jürgen Rüttgers, ihr Abitur abgelegt haben, war uns der Besuch des Kölner Patenschiffes eine große Ehre und eine besondere Verpflichtung.

Neben dem Schulleiter Dr. Klaus Zimmermann waren sein Stellvertreter, Klaus Trier, und der Fachvorsitzende des Faches Sozialwissenschaften/Wirtschaft, Oliver Seeck, zur Stelle. Die Einladung an die Schülerinnen und Schüler sollte keine falschen Erwartungen wecken. So hieß es in dem Einladungsschreiben: „Wir starten freitags in der Frühe mit dem Bus nach Wilhelmshaven, besichtigen das Marinemuseum und ein Schiff der Bundesmarine und gehen anschließend auf die Fregatte Köln, ein hochmodernes Schiff, das im Enduring-Freedom-Einsatz am Horn von Afrika teilgenommen hat. Die Nacht verbringen wir auf dem Schiff, kehren gegen Nachmittag nach Wilhelmshaven zurück und nehmen an einem Grillfest für Familienangehörige der Marine teil. Am späten Abend erfolgt die Rückfahrt mit dem Bus nach Köln. Vor der Veranstaltung erfolgt eine Einführung durch einen Jugendoffizier der Marine. Es sind nur Schülerinnen und Schüler angesprochen, die keine Erholungsfahrt erwarten, auf Bequemlichkeit verzichten wollen und bereit sind, sich strikt an die Anweisungen an Bord halten."

Die Rückmeldung verlief zuerst zögerlich. Das Angebot war ungewohnt, es war unklar, ob auch Freunde mitkommen würden, vielfach hatten das Wochenendprogramm zu Hause oder die Vorbereitung der kommenden Klausuren Vorrang.

Nach einigen Tagen meldeten sich die ersten Jungen an. Ein Vorbereitungstreffen mit H. Peter Hemmersbach und Tobias Weidmann als Jugendoffizier ließ keine Zweifel mehr an der Ernsthaftigkeit des Unternehmens aufkommen. Drei Mädchen kamen hinzu, als bekannt wurde, dass auch Soldatinnen an Bord waren.

Am Freitag, den 24. Oktober 2008, 7.00 Uhr konnte das Abenteuer beginnen. Die Schülerinnen und Schüler haben ihre Erfahrungen in einem eigenen Beitrag dargelegt. Aus Lehrersicht gehörten die Gastfreundschaft der Besatzung, die intensiven und sehr offenen Gespräche sowie die Faszination der Technik zu den stärksten Erlebnissen. Die Schülerinnen und Schüler urteilten ähnlich: Sie konnten erahnen, was ein Friedenseinsatz in Afrika für Mensch und Material bedeutet, welche Logistik ein solcher Einsatz erfordert und welche Verantwortung Offiziere und Mannschaften tragen. Sie waren beeindruckt von dem Wir-Gefühl an Bord, von der Bereitschaft der Soldatinnen und Soldaten sich unter einfachen Lebensbedingungen ganz in den Dienst der Sache zu stellen. Zudem war die Exkursion eine wichtige Hilfe für die Entscheidung zwischen Wehr- und Zivildienst. In einem Nachgespräch zeigte sich, dass der Besuch auf der Fregatte Köln Entscheidungen in beide Richtungen nachhaltig beeinflusst hat.

Ein Gegenbesuch von Fregattenkapitän Gunnar Bednarz, Korvettenkapitän Wolfgang Sommer (Patenschaftsoffizier) und weiteren Mitgliedern der Besatzung am 9. November 2008 im Apostelgymnasium sowie der anschließende Empfang im Kölner Rathaus waren Ausdruck gegenseitiger Wertschätzung.

Nach dem Schulgesetz für das Land Nordrhein-Westfalen hat die Schule den Auftrag, „die Entfaltung der Person, die Selbständigkeit ihrer Entscheidungen und Handlungen und das Verantwortungsbewusstsein für das Gemeinwohl" zu fördern (SchulG § 2 (4)). Dabei ist die Schule aufgefordert, mit Partnern zusammenzuarbeiten, „die Verantwortung für die Belange von Jugendlichen und jungen Volljährigen tragen und Hilfen zur beruflichen Orientierung geben" (SchulG § 5 (2)).

Dieser Auftrag hat die nordrhein-westfälische Ministerin für Schule und Weiterbildung, Barbara Sommer, veranlasst, fünf Tage nach unserer Exkursion, am 29. Oktober 2008, mit dem Befehlshaber im Wehrbereich II, Generalmajor Bernd Diepenhorst, eine Kooperationsvereinbarung zu schließen, die eine engere Zusammenarbeit im Rahmen der politischen Bildung erreichen und die Kooperation zwischen Schulen und Jugendoffizieren stärken will.

Schulministerin Barbara Sommer: „Eine lebendige Gesellschaft ist auf die Fähigkeit und Bereitschaft ihrer Mitglieder angewiesen, sich mit politischen Themen auseinanderzusetzen, den politischen Prozess zu verfolgen, sich an ihm zu beteiligen und Mitverantwortung zu übernehmen. Deshalb freue ich mich sehr, dass wir die gute Zusammenarbeit mit den Jugendoffizieren durch diese Kooperationsvereinbarung stärken." (www.schulministerium.nrw.de)

Generalmajor Bernd Diepenhorst: „Unsere Jugendoffiziere versuchen die komplexen sicherheitspolitischen Probleme in einer vernetzten und globalisierten Welt zu erklären. Sie stehen für kritische Diskussionen zur Verfügung. Damit erfüllen sie ihren Auftrag in der Öffentlichkeitsarbeit und fungieren als Mittler in der politischen Bildung." (ebd.)

Auf der Homepage des Ministeriums für Schule und Weiterbildung findet sich der Aufruf: „Besuch bei der Truppe - Offene Kasernentore". Dort heißt es: „Ein Besuch in der Kaserne dient dazu, einen Einblick in den Alltag und die Arbeitsbedingungen des Staatsbürgers in Uniform zu erhalten. Nutzen Sie die Gelegenheit, sich Ihre eigene Meinung über Ausbildung, Ausrüstung und Dienst in den Streitkräften zu bilden. Vertrauen erwächst vor allem aus menschlicher Begegnung und persönlichem Dialog. Wir laden Sie ein, die Bundeswehr vor Ort im offenen Gespräch mit Soldatinnen und Soldaten kennen zu lernen."

Dank der Initiative von H. Peter Hemmersbach konnte das Kölner Apostelgymnasium, Traditionsgymnasium in Köln-Lindenthal und Leitschule im „Verbund Sportbetonte Schulen Köln" das offene Gespräch beginnen.

schülerinnen und schüler
des kölner apostelgymnasiums stechen in see

DAVID-ALEXANDER BIND, TOM EMMERICH, THOMAS WEBER

Am Freitag, dem 24. Oktober 2008, in der Frühe verließen 9 Schüler, 3 Schülerinnen, Herr Seeck, unser stellv. Schulleiter, Herr Trier, und unser Schulleiter, Herr Dr. Zimmermann, sowie Herr Hemmersbach Köln in Richtung Marinestützpunkt Wilhelmshaven. Die Vorfreude auf das Unbekannte ließ die lange Busfahrt schnell vergehen. Was würde uns erwarten?

Ansichten und Vorstellungen gab es viele, zugetroffen haben letztlich nur einige. Endlich: Gegen 12 Uhr passierten wir gespannt die Marinewache und erhielten einen ersten Eindruck von der deutschen Marine. Unser Bestimmungsort war die Fregatte Köln: ein Schiff älterer Bauart, das schon seit den 80er Jahren in Dienst ist.

Der Marine stehen drei verschiedene Fregattenklassen zur Verfügung, die sich in Bauart und Waffentechnik unterscheiden. Unser Schiff gehört der ältesten Klasse an. Empfangen wurden wir mit militärischem Gruß durch die wachhabenden Offiziere. Nach einer Sicherheitseinweisung wurden wir zu unseren Mannschaftskabinen vorgelassen. Nach einem Gewirr von Gängen und Schleusen fanden wir uns nach ein paar Minuten in unseren Kajüten ein. Der erste Eindruck unserer Schlafstätten verursachte ein beklemmendes Gefühl, das auch nicht durch die amüsierte Begrüßung der Matrosen weichen wollte. Schnell waren Bock (Schlafstätte) und erste Kontakte hergestellt. Kurze Zeit später saßen wir in der Mannschaftsmesse. Die gereichten Metallschablonen zeigten, dass in den vergangenen Jahrzehnten an Bord vieles gleich geblieben ist. Die wohlige Atmosphäre wurde durch einen Flachbildschirm, der sich zur Aufgabe gemacht hatte, das Essen mit seichter geistiger Kost zu bereichern, untermalt. Anschließend, von unserem Schulleiter-Paar von Bord geführt, wurden wir von unserem Bundeswehrbus zum Marinemuseum Wilhelmshaven gebracht, um die praktischen Erfahrungen mit historischem Wissen anzureichern.

Angefangen mit einer Weltkarte aus Zeiten des Zweiten Weltkrieges wurde unsere Führung durch die Marine plakativ und informativ durch einen kompetenten Historiker eingeläutet. Vielleicht wurde gerade durch die bunten von der Decke hängenden Signal- Kommando- und und Seeflaggen der historische Kontrast zwischen optischer Wahrnehmung und Effektivität der deutschen Marine illustriert. Wir waren nun an einem Punkt angelangt, an dem uns fundamentale Zweifel über die Sinnhaftigkeit der deutschen Marine überkamen, die jedoch unserem Diskussionsdrang bei dem Marsch auf das Außengelände keinen Abbruch taten. Vor uns lag der Zerstörer Mölders, ein uns riesenhaft groß erscheinendes Kriegsschiff, das inzwischen außer Dienst gestellt worden ist. Benannt nach einem erfolgreichen, deutschen Jagdflieger aus dem Zweiten Weltkrieg, vermittelt es uns ein nicht zutreffend scheinendes Bild von der Bundeswehr.

Vor allem die Technik-Begeisterten unter uns verbeugten sich in Ehrfurcht vor der Komplexität des Schiffes. Mit den geschilderten Eindrücken durften wir den anstehenden Abend an Bord vorher noch in der Stadt einläuten, um in gemütlichem Zusammensein als Gruppe zueinander zu finden. Nachdem das Vorhaben auf kölsch geglückt war, ging es zurück zur Fregatte, die uns wie gewohnt mit ihren salutierenden Offizieren in Empfang nahm. Wir wussten noch nicht, dass wir einen sehr anstrengenden Abend vor uns haben würden, als wir durch einen Obergefreiten auf die Brücke und in das Kontrollzentrum des Schiffes geführt wurden.

Die Schüler des Apostelgymnasiums an Bord der Köln

Am Abend betraten wir geschlossen die Mannschaftsmesse, wobei wir im Laufe des Abends mit sehr unterschiedlichen Menschen ins Gespräch kamen. Bald schon tranken wir mit den Soldaten, ließen Sprüche über unsere Frisuren über uns ergehen und merkten bald, dass die Interessen der Matrosen trotz ihres außergewöhnlichen Weges, Marinesoldat zu werden, kaum vom den Interessen anderer Jugendlichen abweichen.

Nach einem lustigen Abend war es an der Zeit, leise und unbemerkt in unsere Kojen zu schlüpfen, ohne die schon schnarchenden Soldaten zu stören. Eine ungewohnte Nacht, die wir in Enge und Stickigkeit verbrachten, erlebten wir rastlos und unruhig, und waren am nächsten Morgen sowohl von der Zusammengehörigkeit der Matrosen als auch von der fehlenden Privatsphäre beeindruckt.

Der letzte Tag hielt die Familienfahrt der Soldatenfamilien für uns bereit. Ganz im Sinne des voran gegangenen Tages wurden wir bestens verköstigt, wobei die exquisite Erbsensuppe in Verbindung mit der Materialvorführung den öffentlichkeitswirksamen Charakter der Bundeswehr unterstrichen. Wie ein Publikumsmagnet wirkte das SAR-Schiff längsseits der Köln, welches weder Kosten noch Mühen scheute, uns mit ausgefahrenen Wasserfontänen an diesem schönen Herbsttag einen Regenbogen zu präsentieren. Benommen vom Spiel der Farben ging es für uns mit über 20 Knoten zurück nach Wilhelmshaven. Bevor wir in den Hafen einliefen, wurden uns auf feierliche Weise Urkunden überreicht, die von unserem Aufenthalt und den zurückgelegten Seemeilen auf der Fregatte Zeugnis ablegen. Herr Hemmersbach bereitete uns später einen herrlichen Abschied und zeigte sich äußerst erfreut, etwas von seiner Leidenschaft für die Seefahrt auf uns übertragen zu haben.

Still saß jeder von uns eine ganze Weile im Bus, um seine ganz persönlichen Eindrücke Revue passieren zu lassen. Wir fühlen uns als Pioniere, denn wir sind vielleicht die erste Schülergruppe in der bundesdeutschen Geschichte, die auf einem Kriegsschiff übernachtet hat. Dass die Bundeswehr uns eine derartige Erweiterung unseres Erfahrungsspektrums ermöglicht hat, wird von uns gebührend honoriert und als großes Privileg angesehen. Auch waren wir uns als Schülerinnen und Schüler des berühmten Apostelgymnasiums, dem Konrad Adenauer, ein Mann – verbunden mit der deutscher Marinegeschichte – entstammt, des Vertrauens bewusst, welches uns entgegengebracht wurde.

Wir nehmen eine außergewöhnliche Erfahrung mit nach Hause und in die Schule, die gerade den jungen Männern unter uns eine Entscheidungsfindung bezüglich des Wehrdienstes oder einer eventueller Verpflichtung erleichtert. Es ist noch vielen Schülerinnen und Schülern zu wünschen, in unsere Fußstapfen treten zu dürfen.

V.l.n.r.: Jürgen Wirtz, Generalmanager Radisson SAS, Stabsgefreiter Maik Stichnoth, Giuseppe Bongiovi, Director of Kitchen & Service, Stabsgefreiter Christoph Pauthner, H.Peter Hemmersbach, Vorsitzender FFK

„smuts" der fregatte köln –
gastköche im radisson sas hotel zu köln

GIUSEPPE BONGIOVI

Die beiden „Smuts" von der Fregatte Köln, Stabsgefreiter Maik Stichnoth und Christoph Pauthner waren vom 12.10.2008 bis zum 24.10.2008 Gast im Radisson SAS Hotel Köln. Sie waren nicht nur Gast im Hotel sondern auch als Gastköche in der Küche tätig. Beide Marineköche waren sozusagen auf einem Seminar in einem Hotel, um sich praktische Tipps und Tricks, Garnituren sowie Menüzusammenstellungen abzuschauen. Das Radisson SAS Hotel verfügt über eine mediterrane Küche in der Gastronomie. So war Herr Pauthner besonders angetan von der Frische der Produkte und meinte: „Hier wird alles frisch gekocht, selbst die Kräuter sind frisch...", welches Herr Stichnoth bestätigte.

Was ebenfalls beide beeindruckte, war die Offenheit und Professionalität, mit der die Gastköche aufgenommen wurden. Vom ersten Tag an wurden sie integriert in das bestehende Team, welches aus acht verschiedenen Nationalitäten besteht. Jeder, vom Azubi bis zum Director of Kitchen & Service, unterstützte die beiden Marineköche in ihren Aufgabenbereichen. Es wurde nicht nur zugeschaut, sondern auch richtig mit angepackt. Die Großzügigkeit des Küchenbereiches, ließ ebenfalls die „Smuts" von der Fregatte Köln staunen. Es gab tatsächlich 13 Kühlhäuser, eine Produktionsküche, eine Frühstücksküche, eine Bankettküche, eine à la carte Küche und eine Showküche mit einem eingebauten Steinofen für das Pizzabacken.

Die Küche des Radisson ist somit für eine „praktische Übung" bestens geeignet, und wird auch als Center of Excellence in der Rezidor Hotel Group geführt. Beide Köche verabschiedeten sich mit dem Ergebnis: „Kost und Logis waren Spitze und die Schulung hat uns sehr viel gebracht. Wir kommen gerne wieder."

Auch der Verfasser, Director of Kitchen & Service sowie Herr Jürgen Wirtz, General Manager, sind der Meinung: „Diese Begegnung ist eine wertvolle Erfahrung für die Zusammenarbeit von Bundeswehr (Deutsche Marine) und freier Wirtschaft." Über weitere Aktionen des Radisson Hotels mit der Fregatte Köln wird zur Zeit noch nachgedacht.

„Der Start dieser Initiative ist mehr als gelungen", freut sich der 1. Vorsitzende des „Freundeskreises Fregatte Köln", H. Peter Hemmersbach über diese doch bisher einmalige Aktion. „Mein herzlicher Dank gilt dem General Manager Jürgen Wirtz, sowie dem gesamten SAS Radisson Team, ebenso dem Colonia Kochkunstverein mit Ernst Vleer für die großartige Unterstützung!"

Nachtrag des Redakteurs: Die beiden tüchtigen „Smuts" erhielten inzwischen auf Grund ihrer Leistungen von der Leitung des SAS Radisson Hotels eine Zusage, dort nach Beendigung ihrer Dienstzeit als Köche angestellt zu werden. Das war Berufsförderungsdienst auf Privatinitiative durch Patenschaftspflege.

Zum Wohle der Bundesrepublik Deutschland und ihrer Bürgerinnen und Bürger befinden sich die Schiffe unserer Marine seit 1956 unter der Dienstflagge der Seestreitkräfte mit den Bundesfarben Schwarz-Rot-Gold weltweit im Einsatz

erster kölner shanty-chor – marinekameradschaft köln von 1891

HEINRICH WALLE

Der 1. Kölner Shanty Chor, rechts oben die Begleitung: Alexander Pankow und Andreas Rotaus, Akkordeon, Frank Ginkel, E-Bass, darunter mit weißem Hemd: Reinhold Koytek, Chorleiter

Shanties sind bis zum Beginn des 20. Jahrhunderts als Arbeitslieder der Seeleute entstanden, die auf Segelschiffen fuhren. Seit der Antike bis weit in das 20 Jahrhundert konnte die Take-lage von Segelschiffen nur durch die Muskelkraft ihrer Besatzung bedient werden. Das war Schwerstarbeit und konnte im Grunde genommen nur durch Teamwork, d.h. koordinierte Gemein-schaftsleistung bewältigt werden. Um ihre Kraft optimal einsetzen zu können, wurden alle Arbeiten, die nur gemeinsam zu leisten waren, in bestimmten Rythmen durchgeführt. An Land werden solche gemeinsamen und in einem Arbeitstakt durchzuführenden Krafteinsätze mit dem Ruf „Hau ruck" oder bei der Artillerie mit „zu-gleich" eingeleitet. Zur besseren Einhaltung solcher im Takt auszuübenden Krafteinsätze an Bord von Segelschiffen bediente man sich eines bestimmten Liedgutes, eben der Shanties (Vermutlich von den französischen Wort „chantier" oder dem englischen Wort „to chant" = singen, abgeleitet.) So entstand in den Shanties eine bestimmte Gattung von Volks- und Arbeitsliedern mit unterschiedlichen aber sehr be-tonten Rythmen, die der jeweiligen seemännischen Arbeit angepaßt waren. Ein Vorsänger, der Shantyman, sang eine knappe Strophe, die durchaus ironisch, kritische bis gelegentlich auch durchaus obszöne Inhalte haben konnte und die übrigen Seeleute arbeiteten dann im Takt des von ihnen gesungenen Refrains. Die-ses seemännische Liedgut hat unbestreitbar seinen herben Reiz und wurde dann später, als es kaum noch Segelschiffe gab, von den Seeleuten der Marine weitergepflegt. Daher haben sich aus Zusammenschlüs-sen ehemaliger Marinesoldaten immer wieder Shanty-Chöre gebildet, die dieses nautische Lied- und Kul-turgut am Leben erhalten.

So ist der „1. Kölner Shanty-Chor" auch aus der Marinekameradschaft Köln von 1891 hervor-gegangen. Sieben ehemalige Seeleute machten am 1. Oktober 1985 den Anfang. Heute gehö-ren dem 1. Kölner Shanty-Chor, 30 Sänger und als Berufsmusiker zwei Akkordeonspieler, d.h. hier Männer, die das „Schifferklavier" spielen sowie ein E-Bassist an. Der Shanty-Chor wird seit 1986 von Reinhard Koytek, seines Zeichens Elektroingenieur, aber mit professioneller Gesangsausbildung geleitet, der hier auch als Shantyman und Vorsänger mitwirkt.

Als jüngste Produktion entstand eine Kombination von Shanty und Rheinlied „Wenn der Rhein erzählen könnte" nach den Worten von Monika Schweden und der Melodie von Günter Brauweiler.

Gestaltungscrew der „100 Jahre Cöln/
Köln": Roberto Ortelli, Katja Kuth, Antje
Esser-Schäbethal, Dr. Heinrich Walle,
Helmut Gratzfeld, Karin Gratzfeld
(von links)

Von der ersten Idee bis zur druckreifen Vorlage ist die Reise oft lang. Gut, wenn die Gestaltungsreserven ausreichend sind und die
Begeisterung nicht über Bord geht. Geschafft!

sichtbares bewusst, unsichtbares sichtbar machen.
der graphiker helmut gratzfeld

HEINRICH WALLE

Der vorliegende Band soll kein Marinebuch im herkömmlichen Sinne sein! Es ging in diesem Sammelband keineswegs nur um die Darstellung der fünf Schiffe mit dem Wappen der Stadt Köln am Bug. Vielmehr sollte aufgezeigt werden, wie seit einem Jahrhundert Patenschaftspflege die Bürger der Rheinmetropole mit den Männern, die auf diesen Schiffen ihren Dienst versahen und dies auch heute noch tun, solidarisch verbunden sind. Das alles wurde nicht lediglich als bloßer Anlass zum Feiern genommen, sondern auch als Aktion der Verbundenheit besonderer Art durchgeführt, um schwerstkranken Kindern im Kölner Kinderkrankenhaus Amsterdamer Straße mit Spenden zu helfen.

Herausgeber und Redakteur haben daher die ästhetische und graphische Gestaltung einem renommierten Graphiker anvertraut.

Helmut Gratzfeld, Jahrgang 49, aus Wesseling, gründete 1976 dort ein graphisches Atelier, das er 1980 zu einer erfolgreichen Kommunikationsagentur ausbaute. Seine Arbeiten werden hoch geschätzt. Er ist Sieger nationaler und internationaler Plakatwettbewerbe und entwickelte Kampagnen für große Wirtschaftsunternehmen und die Bundesregierung – in den Bereichen Arbeit, Rente, Gesundheit, Pflege, Finanzen, Verkehr, Umwelt und Verteidigung. Für das Bundesministerium der Verteidigung gestaltete er das aktuelle Weißbuch.

Helmut Gratzfeld absolvierte von 1968 bis 1974 ein Studium an den Kölner Werkkunstschulen, heute Kunsthochschule für Medien, Köln Intern. School of Design. Er war Meisterschüler bei Professor Anton Wolff. Außer seiner Tätigkeit als Kreativer ist er heute Mitglied in verschiedenen Kunst- und Kulturkreisen seiner Heimatstadt Wesseling, wo er kürzlich durch eine viel beachtete Kunstausstellung hervortrat.

Die Kunstwissenschaftlerin Dr. Sabine Jung charakterisiert sein Schaffen: „Vieles in seinem Werk versteht man am besten vor dem Hintergrund seines beruflichen Alltags, in dem es einerseits um höchste Präzision und Perfektion geht: Es geht um Bits und Bytes, bei Illustrationen, Animationen, Schriften im Bereich Grafikdesign. Andererseits geht es um ein Höchstmaß an – noch dazu – rasch abrufbarer Kreativität; es geht um Ideenreichtum und Assoziationsfülle. Es geht um die sensible Fähigkeit, auf Menschen, Unternehmensstrukturen, Wünsche und Sachzwänge einzugehen. Gefordert wird: simply the best – und wenn es getan ist ... scheint es so einfach."

Genau dies hat Helmut Gratzfeld hier gemacht, in der Gestaltung dieses Bandes zeigt sich das unverkennbar. In den Entwürfen für die Umschlagseiten und das Ausstellungsplakat wurde mit scheinbar einfachen Mitteln und einer subtilen Ironie eine überzeugende Aussage über Fakten und Anliegen von einem Jahrhundert Patenschaftspflege als gewachsener Marinetradition vorgelegt. Dafür danken die Herausgeber Helmut Gratzfeld und wünschen ihm die Anerkennung vieler Leser.

113

autoren

Notar Konrad Adenauer Köln

David-Alexander Bind, Apostelgymnasium Köln

Giuseppe Bongiovi, Director of Kitchen & Service RADISSON SAS Hotel Köln

Dr. Michael Euler-Schmidt, Stv. Leiter Kölner Stadtmuseum

Tom Emmerich, Apostelgymnasium Köln

Karl Heid, Präsident Deutscher Marine Bund

Dr. Hartmut Klüver, Historiker Mannheim

Fregattenkapitän Uwe Maaß, Kommandant Fregatte Köln

Vizeadmiral Wolfgang E. Nolting, Inspekteur der Marine

Oberbootsmann Thomas Schulz, Fregatte Köln

Kapitänleutnant Tim Täffner, Fregatte Köln

Dr. Heinrich Walle, Historiker, Fregattenkapitän a.D., Lehrbeauftragter Geschichte, Historisches Seminar II der Universität zu Köln

Thomas Weber, Apostelgymnasium Köln

Professor Dr. med. Michael Weiß, Ärztlicher Direktor und Chefarzt Kliniken der Stadt Köln, Kinderkrankenhaus Amsterdamer Straße

Oberleutnant zur See Jan Wübelt, Fregatte Köln

Oberstudiendirektor Dr. Klaus Zimmermann, Leiter Apostelgymnasium Köln

danksagung an die mitwirkenden des projektes und an die sponsoren

Sammelband und Ausstellung in der Piazetta des Historischen Rathauses zu Köln waren nur durch den engagierten und zumeist ehrenamtlichen Einsatz vieler Damen und Herren möglich. Der gesamte Erlös dieser Aktion soll dem Kölner Kinderkrankenhaus Amsterdamer Straße zugeführt werden.

Die Herausgeber danken Notar Konrad Adenauer, Roland Agne, Kapitänleutnant Daniel Auwermann, Peter Bezdek, Bastian Bleeck, Michael Bley, D. Blotenberg, Marius Blum, Kapitän z. S. a. D. Rudi Böbel, Giovanni Bongiovi, Rainer Brüssow, Franz Josef Cremer, Ursula Cöbler, Albert Damaschke, Karl Heinz Dauth, Oberst a. A. Dirk J. Fell, Uli Fricke, Flottillenadmiral a. D. Klaus. D. Fritz, Karin Gratzfeld, Helmut Gratzfeld, Melanie Gonzalez, Karl Heid Präsident DMB, Udo Heimes, Hauptbootsmann Carsten Heyng, Hajo Hirtz, Fregattenkapitän Michael Hödt, Peter Höppner, Regina Höppner, Fregattenkapitän a. D. Holger Hoffmann, Jochen Hunsdörfer, Fregattenkapitän Hans Karr, Andreas Kischke, Christoph Krautwig, Katja Kuth, Fregattenkapitän Uwe Maaß, Ralf Maleu, Leutnant z. S. Arvid Maus, Wilbert Meier, Heinz Migge, Roberto Ortelli, Markus Pohl, Olaf Rahardt, Kapitänleutnant Heiko Reichert, Frank Remagen, Fregattenkapitän a. D. Ingo Riege, Antje Esser-Schäbethal, Joachim Scherneck-Czech, Stabskapitänleutnant a. D. Werner Schiebert, Andreas Schleiken, Oberstabsbootsmann a. D. Peter Schneider, Frank Schönges, Michael Schürger, Dom Brauerei, Heinrich Stauf, Volker Stein Reunion, Oberstabsbootsmann Thomas Struß, Christoph Tombrink, Fregattenkapitän a. D. Bernd-Michael Vangerow, Ernst Vleer, Hauptmann Rüdiger Wenzel, Jürgen Wirtz Mgr. SAS, Dr. Jann M. Witt, Frieder Wolf, Oberstabsbootsmann a. D. Peter Zeggel, Dr. Klaus Zimmermann, Frank Zörb

Der vorliegende Sammelband und die Ausstellung wurde in erster Linie durch die großzügigen Zuschüsse vieler Sponsoren überhaupt ermöglicht. Daher gilt auch diesen Förderern der Dank der Herausgeber.

Bei den Recherchen für diesen Sammelband ließ H. Peter Hemmersbach wertvolle Dokumente zur Geschichte der Cöln/Köln aus dem Historischen Archiv der Stadt Köln elektronisch erfassen. Nach der Katastrophe vom Frühjahr 2009 ist der Datenträger nunmehr die einzige Möglichkeit, diese Archivalien auch weiterhin der Forschung zugänglich zu machen. Der Datenträger wird deshalb der Leitung des Historischen Archives der Stadt Köln zur Verfügung gestellt .

118

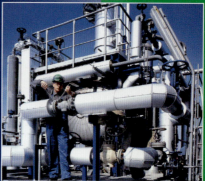

121

124

125

impressum

Herausgeber
Herausgegeben im Auftrag
des Freundeskreis Fregatte Köln e.V.
und
des Deutschen Marinebundes e.V.
von H. Peter Hemmersbach,
Hartmut Klüver,
und Heinrich Walle

Für den Inhalt des jeweiligen Textbeitrages
sind die Autoren selbst verantwortlich.

Bildnachweis
Deutscher Marinebund
Freundeskreis Fregatte Köln
H. Peter Hemmersbach
Helmut Gratzfeld
Historisches Archiv der Stadt Köln
Konrad Adenauer Stiftung
Kölnisches Stadtmuseum
Presse- und Informationzentrum der Marine (PIZ)
Sammlung Deutsches Marine Institut
Sammlung Olaf Rahardt
Wehrgeschichtliches Ausbildungszentrum der WGAZ

Nicht von allen Fotos konnten die Inhaber der Bildrechte ermittelt werden.
Der Herausgeber bittet freundlich um Kontaktaufnahme.

Redaktion
Heinich Walle

Gestaltung
Gratzfeld Werbeagentur, Wesseling

Druck und Verlag
Köllen Druck+Verlag GmbH,
Ernst-Robert-Curtius-Straße 14, 53117 Bonn
ISBN978-3-88579-144-7

Köln, Mai 2009